故宫经典　CLASSICS OF THE FORBIDDEN CITY
XUAN COPPERWARE IN THE COLLECTION
OF THE PALACE MUSEUM

故宫宣铜器图典

故宫博物院编
COMPILED BY THE PALACE MUSEUM
故宫出版社
THE FORBIDDEN CITY PUBLISHING HOUSE

图书在版编目（CIP）数据

故宫宣铜器图典 ／ 故宫博物院编；李米佳编著 . —
北京 ：故宫出版社 ，2020.7
（故宫经典）
ISBN 978-7-5134-1310-7

Ⅰ . ①故… Ⅱ . ①故… ②李… Ⅲ . ①铜器（考古）—
中国－图集 Ⅳ . ① K876.412

中国版本图书馆 CIP 数据核字 (2020) 第 107639 号

故宫经典
故宫宣铜器图典

故宫博物院 编
编　　著：李米佳
英文翻译：周　怡
摄　　影：李　凡
检　　测：康葆强　李　合　贾　翠　曲　亮　刘建宇　段佩权
照片整理：孙　竞　周耀卿
插　　图：李米佳
图片资料：故宫博物院资料信息部
责任编辑：张志辉
装帧设计：李　猛
责任印制：常晓辉　顾从辉
出版发行：故宫出版社
　　　　　地址：北京东城区景山前街 4 号　邮编：100009
　　　　　电话：010-85007800　010-85007817　邮箱：ggcb@culturefc.cn
制版印刷：北京雅昌艺术印刷有限公司
开　　本：889 毫米 ×1194 毫米　1/12
印　　张：26
版　　次：2020 年 7 月第 1 版
　　　　　2020 年 7 月第 1 次印刷
印　　数：1 ～ 3,000 册
书　　号：ISBN 978-7-5134-1310-7
定　　价：460.00 元

经典故宫与《故宫经典》 郑欣淼

故宫文化，从一定意义上说是经典文化。从故宫的地位、作用及其内涵看，故宫文化是以皇帝、皇宫、皇权为核心的帝王文化、皇家文化，或者说是宫廷文化。皇帝是历史的产物。在漫长的中国封建社会里，皇帝是国家的象征，是专制主义中央集权的核心。同样，以皇帝为核心的宫廷是国家的中心。故宫文化不是局部的，也不是地方性的，无疑属于大传统，是上层的、主流的，属于中国传统文化中最为堂皇的部分，但是它又和民间的文化传统有着千丝万缕的关系。

故宫文化具有独特性、丰富性、整体性以及象征性的特点。从物质层面看，故宫只是一座古建筑群，但它不是一般的古建筑，而是皇宫。中国历来讲究器以载道，故宫及其皇家收藏凝聚了传统的特别是辉煌时期的中国文化，是几千年中国的器用典章、国家制度、意识形态、科学技术以及学术、艺术等积累的结晶，既是中国传统文化精神的物质载体，也成为中国传统文化最有代表性的象征物，就像金字塔之于古埃及、雅典卫城神庙之于希腊一样。因此，从这个意义上说，故宫文化是经典文化。

经典具有权威性。故宫体现了中华文明的精华，它的地位和价值是不可替代的。经典具有不朽性。故宫属于历史遗产，它是中华五千年历史文化的沉淀，蕴含着中华民族生生不已的创造和精神，具有不竭的历史生命。经典具有传统性。传统的本质是主体活动的延承，故宫所代表的中国历史文化与当代中国是一脉相承的，中国传统文化与今天的文化建设是相连的。对于任何一个民族、一个国家来说，经典文化永远都是其生命的依托、精神的支撑和创新的源泉，都是其得以存续和赓延的筋络与血脉。

对于经典故宫的诠释与宣传，有着多种的形式。对故宫进行形象的数字化宣传，拍摄类似《故宫》纪录片等影像作品，这是大众传媒的努力；而以精美的图书展现故宫的内蕴，则是许多出版社的追求。

多年来，故宫出版社（原名紫禁城出版社）出版了不少好的图书。同时，国内外其他出版社也出版了许多故宫博物院编写的好书。这些图书经过十余年、甚至二十年的沉淀，在读者心目中树立了"故宫经典"的印象，成为品牌性图书。它们的影响并没有随着时间推移变得模糊起来，而是历久弥新，成为读者心中的经典图书。

于是，现在就有了故宫出版社（紫禁城出版社）的《故宫经典》丛书。《国宝》《紫禁城宫殿》《清代宫廷生活》《紫禁城宫殿建筑装饰——内檐装修图典》《清代宫廷包装艺术》等享誉已久的图书，又以新的面目展示给读者。而且，故宫博物院正在出版和将要出版一系列经典图书。随着这些图书的编辑出版，将更加有助于读者对故宫的了解和对中国传统文化的认识。

《故宫经典》丛书的策划，这无疑是个好的创意和思路。我希望这套丛书不断出下去，而且越出越好。经典故宫藉《故宫经典》使其丰厚蕴含得到不断发掘，《故宫经典》则赖经典故宫而声名更为广远。

目　录

006／ 序 ／ 杜迺松

008／ 宣铜器研究 ／ 李米佳

019／ 凡例

020／ 图版目录

029／ 图版

314／ 后记

CONTENTS

007／ Preface ／ Du Naisong

016／ Research on Xuan Copperware ／ Li Mijia

019／ Notes

022／ List of Plates

029／ Plates

315／ Postscript

序

欣闻《故宫宣铜器图典》即将出版。作者拿来书稿,读罢感悟良多。该书从理论、方法到实践都有创新,构筑了一部有灵感、可读性强的好书。

中国铜制品的发展脉络,在宋、元、明、清时属"仿古时期"。有明一代,铜制器物最值得重视的是世称"宣德炉"者。它余韵悠长,是明代铜制品中重要而独特的一类,一直影响到清代乃至民国、近现代,因而仿制品、伪作品很多。《宣德鼎彝谱》后序《宣炉博论》云:"其款式之大雅,铜质之精粹,如良金之百炼,宝色内涵,珠光外现……迥非他物可以比方也。""真正宣炉绝稀,赝器恒众。"《四库全书总目》也提到"宣炉在明世已多伪制"。存世公私所藏宣德炉虽然很多,但可以认定为宣德时真品或接近真品的实属罕见。虽然自古以来就不乏对宣德炉的关注和研究,但是尚缺足够的科学论证,这一领域的诸多问题还是一片空白,让人茫然。故在对这类文物的认识、利用和保护上,有一定的阻滞。正是基于这一状况,该书作者长期以来将其作为一个重要课题,对故宫博物院收藏的600余件宣德炉进行了较全面深入的整理与研究,并于2012年出版了《宣德炉研究——故宫藏宣铜器的整理与研究》一书,公布了阶段性研究成果。

本书在已有研究基础上又补充了新内容,力求将录入的每一件文物、每一段文字都进行考证分析。单元设计、器物分类层次分明,前因后果,顺理成章。作者在研究过程中对问题的解决,之所以能层层推进,重要的依托是故宫博物院藏故字号和新字号宣德炉藏品。尤其是故字号藏品,更是解决宣德炉多重疑问的枢纽,通过逐个点评、比较,多方面内容在研究过程中再反复相互交叉、启发、融合,以促进成果的形成。作者采用的科学方法,有如疏浚河道一般,畅通无阻。录选的172件宣铜器,包括大明宣德年制款(包括宣、宣德、宣德年制款)器、明清国朝年号款(除宣德年号款外)器、人名及斋堂等他款器(包括无款器)。作者采用考古类型学的方法将其分出型与式,并对每件器物标明年代、尺寸、重要金属成分,阐述形制、纹饰、款识等基本要素,甚至在不长的篇幅中还加入文献以印证,分析铸造特点,进行美学赏析等,并附有清晰器形和款识照片。

作者在宣德炉研究上取得了一定的成果,解决了一些历来对宣德炉认识和研究中的"迷惑",对几个主要问题进行了历史性的阐明:1.历史上"真宣"是客观存在的,不是传说。2.宣德炉锌、锑成分的断代作用,初步建立了可对比参照的数据库。3.对铸款、刻款方式及"德"字的写法予以分析,发现其所对应时代的规律。4.分别找出了明代宣德朝、嘉靖朝、崇祯朝,清代康熙朝、雍正朝、乾隆朝、嘉庆朝、道光朝及光绪朝的标准器,为确定宣德炉的时代提供了较为可靠的依据。

总之,该书是关于传统文化的研究著作,其内容是故宫博物院藏明清宣德炉经典,实为难得。本书具有一定的学术性、艺术性和实用性,为宣德炉研究中继往开来的一部重要作品。

应作者之邀请,以作序。

杜迺松

2018年10月于故宫

Preface

I am pleased to hear that *Copper Censer in the Collection of the Palace Museum* will be published soon. After reading the manuscript, I thought a lot. This book, innovative in theory, method and practice, is a good book with inspiration and readability.

During the Song, Yuan, Ming and Qing dynasties, Chinese copper products has developed into the "archaizing period". In the Ming dynasty, the most remarkable copper ware is known as "Xuande censer" (*xuande lu*), an important and unique category of the Ming-dynasty copper products. Its influence continued in the periods of the Qing dynasty, the Republic of China and the modern times, and there are many imitations and counterfeits. Many extant "Xuande censers" can be found in the public and private collections, however, few can be affirmed to be genuine or close to the real one. Since ancient times, there has been no shortage of scholars and collectors to study the "Xuande censer", but there is still not enough scientific evidence. Many answers to the questions in this field are still blank, making people feel lost. Therefore, there is a certain block in the understanding, utilization and protection of such cultural relics. Based on this situation, the author of this book has long regarded "Xuande censer" as an important subject, and carried out a comprehensive and in-depth research on more than 600 Xuande censers collected in the Palace Museum. His book, *Research on Xunde Censer* published in 2012, shows his phased results of research.

This book, adding new content to the existing research, strives to carry out research and analysis on each of the illustrated cultural relics and caption. The design of unites and classification of objects are clear and logical. What support to solve problems in the research process, is the "Xuande censer" collection in the Palace Museum with numbers start with characters "Gu" (*lit*. old) and "Xin" (*lit*. new). Censers from "Gu" group, in particular, are the key points of answering the various questions involving "Xuande censer". By reviewing and comparing the censers one by one, various contents are repeatedly intersected, inspired and integrated in the research process to promote the formation of results. The 172 pieces of "Xuan copperware" illustrated here include those with the inscription of "Da Ming Xuande Nian Zhi" (*lit*. made in the Xuande period of the Ming

dynasty, also including those with the inscriptions of "Xuan", "Xuande" or "Xuande Nian Zhi"), those with the reign marks of the Ming and Qing dynasties, as well as those with the names of people or rooms (including those without inscriptions). The author categorized the censers into different types and styles by using the method of archaeological typology, marked the basic information of each censer — age, size, important metal composition, shape, decoration and inscription, quoted from literature for verification, analyzed the characteristics of casting, carried out aesthetic appreciation, and attached with clear photos of shapes and inscriptions.

The author has reached certain achievements in the research of "Xuande censer" and solved some "confusions" in the understanding and research of this subject". He has made a historical clarification on several major issues: (1) "Zhen Xuan" (*lit*. genuine Xuande censer), instead of being a legend, did exist in the history. (2) The zinc and antimony components of the "Xuande censer" have the function of dating, which have initially established a database for comparison. (3) By analyzing the cast and carved inscriptions and the writing of the Chinese character 德 (*de*), finding out the rule of corresponding times. (4) Identifying respectively the standard wares of the Xuande, Jiajing, Chongzhen periods of the Ming dynasty, and the Kangxi, Yongzheng, Qianlong, Jiaqing, Daoguang and Guangxu periods of the Qing dynasty, providing reliable basis for figuring out the era of "Xuande censer".

In conclusion, this book is a research work on traditional culture, and a classic of Xuande censers of the Ming and Qing dynasties collected in the Palace Museum. It has certain academic, artistic and practical values, and is a very important work in the research of "Xuande censer" that carries on the past and opens a way for future.

This preface is written at the invitation of the author.

Du Naisong

October 2018, in the Palace Museum

宣铜器研究

李米佳

一　宣铜器的定名

"宣德炉"是一种泛称,它并不仅指宣德年间所造铜炉,也泛指与之形制相近的铜炉。这其实比较容易理解,比如"景泰蓝",并不专指明代景泰年间制造的珐琅器,而是对这种特有工艺器物的泛称。

目前需要解决的问题是:以炉来概称这一类器物是不准确的,因为还有很多的鼎、簋、鬲、尊、壶等各式器物。这些器物明显借鉴或模仿了青铜器的造型。据《宣德鼎彝谱》和《宣德彝器图谱》的记载,这些器物是参照《博古图》等书所载或内府所藏秦汉以来的炉、鼎等实物铸造的。当然,若据此以鼎彝或彝器统称也不太适合,因为还有更多的小炉式造型。另外,此类铜器还存在非宣德款的,如"大清雍正年制"款铜炉,将之一律称之为宣德炉,也已经有专家提出了异议。那么,有没有一个科学的名称来作为这些铜器的定名呢?

在实物的基础上,充分参考古籍和档案,我们发现有一种称谓,是非常科学、适宜的,这就是"宣铜"。

宣铜一词最初出现在明宣德时期,明代中晚期文人著作中大量出现,从其释义来看,既指有宣德款识的铜炉(即宣德炉),也泛指与宣德款炉形相近的不带款或带有其他款的铜炉。如明代朱权[1]《焚香七要》:"香炉:炉以宣铜、潘铜彝炉,乳炉如茶杯式大者,为适用雅观。"[2]这也是宣铜一词目前可查见诸文字的最早记录。明高濂《遵生八笺》有"论宣铜倭铜炉瓶器皿"一节[3],书中还载:"铜有古小尊罍,其制有敞口、圆腹、细足,高三寸许,墓中葬物,今用作中丞者……有宣铜雨雪砂金制法古铜瓶者,样式美甚。"[4]其他记载中也能看到"宣铜"的身影:"官、哥、定窑、龙泉、宣铜、潘铜彝,炉,乳炉,大如茶杯而式雅者为上。"[5]"三代、秦、汉鼎彝……皆以备赏鉴,非日用所宜。唯宣铜彝、炉稍大者最为适用。"[6]"香

炉蓄火莫如宣铜。"[7]不胜枚举。

清代《清宫内务府造办处档案总汇》中也不时有宣铜字样出现。如雍正四年(杂活作):"正月初七日员外郎海望持出宣铜炉一件(随珊瑚顶),奉旨:着认看。钦此。于本月十一日据南匠袁景邵认看得系明朝万历年松江制造等语,员外郎海望呈进讫。"[8]"(八月)初八日郎中海望持出铜双螭耳罐一件,奉旨:照此罐款式做宣铜的二件,银的二件,螭耳改做夔龙式。钦此。于十二月初三日做得银罐二件……初四日……并做得宣铜罐二件……"[9]从后一条档案分析,"做宣铜的二件"又或指铸器时以明代宣德炉的用料和冶炼方法为本,也即一种黄铜工艺的代称。这样看来,宣铜至少包含了两种以上的含义。

宣铜器用料丰富,造型精致,不仅代表着宣德时期铸器的最高水平,也是我国铜器铸造业进入新的发展阶段的标志。以故宫博物院收藏来看,明代宫廷旧藏的宣铜器,至清代宫廷仍有留存,非常难得。清代铸造的宣铜器在清宫旧藏中占多数,其中康熙、雍正、乾隆、嘉庆四代的官款是当然的清造宣铜标准器。所以,将宣德炉和以明代宣德炉制作工艺制成的铜器统称为宣铜器是最合适不过的。

二　故宫博物院藏宣铜器状况

故宫博物院收藏的宣铜器大致可以分为两类,一类是1949年以前收入宫中的,包括清宫旧藏和部分沈阳故宫博物院、承德避暑山庄旧藏,其中清宫旧藏占绝大多数;另一类是1949年以后通过收购、捐赠或文物局拨交等途径到故宫博物院的。前者以"故"字号冠名登记入账,后者则冠之以"新"字号,以示区别。

故字号的宣铜器分别为明、清两代铸造。比较而言,明代的宣铜器留存较少,清代的占大多数。明代宣铜器大部分都是明中

1　朱权(1378—1448年),明太祖朱元璋第十七子,封宁王。
2　(明)朱权:《焚香七要》,收入陶珽《续说郛》卷二十七,第1675页,新兴书局有限公司,1972年。
3　(明)高濂:《遵生八笺》"燕闲清赏笺·论宣铜倭铜炉瓶器皿",第470页,山东美术出版社,2008年。
4　(明)高濂:《遵生八笺》"燕闲清赏笺·水中丞",第470页,山东美术出版社,2008年。
5　(明)屠隆:《香笺》"香炉",第4页,收入《美术丛书》续集第九集,上海神州国光社,1914年。
6　(明)文震亨:《长物志》卷七"器具·香炉",第104页,重庆出版社,2010年。
7　(明)方以智:《物理小识》卷八"辨古铜器法",收入《景印文渊阁四库全书》第867册第921页,台北商务印书馆,1986年。
8　中国第一历史档案馆、香港中文大学文物馆:《清宫内务府造办处档案总汇》第2册第329页,人民出版社,2005年。
9　中国第一历史档案馆、香港中文大学文物馆:《清宫内务府造办处档案总汇》第2册第395、396页,人民出版社,2005年。

期以后铸造的。清代宣铜器以康熙、雍正、乾隆、嘉庆四代的官款器为代表，为清廷祭祀、宗教场所或后宫自用。故字号的宣铜器从未流出宫外，可谓代代相传、流传有序。这部分是故宫博物院藏宣铜器的重点，宣德三年的"真宣"自然也有可能藏匿其中，所以这部分藏品也是本书的重要内容。

故宫博物院老账上曾记录有这部分宣铜器的时代，并出于保管需要，按器形做过初步的分类。笔者对故字号宣铜器的整理用了两年多时间，做的多是纠偏补遗的工作，包括核查时代、订定名称、量尺寸、称重量、器形分类、记录纹饰和铭款、观察并分析铸造和加工细节、拍摄小样片等。其中器形分类虽是基于类型学的方法，但又是在划分款识的基础上进行的，因为所谓宣铜器并不只是宣德款铜器，还包括其他国朝年号款、私人名号款、斋堂款等铜器，将这些不同铭款、时代的铜器混在一起分型分式，显然是不适宜的。因之先按铭款分为三大类，即：大明宣德年制款（包括宣、宣德、宣德年制款）器、明清国朝年号款（除宣德年号款外）器、人名及斋堂等他款器（包括无款器）。

大明宣德年制款器数量众多，为方便研究和表述，其下有必要按器形再细分。据流传至今的零星记载，当年宣德朝的臣工们根据古代名器为宣铜器绘制了117种图谱，主要包括鼎、彝、炉等。各器的细微之处多种多样，如耳就有冲耳、环耳等50余种，口有十几种，足有40余种。清宫旧藏的宣铜器式样也很繁杂，虽经尽力归纳合并也多达数十种，但总体上不出炉、彝器、钵式及杂式四大类。每一类和其下每一式器物名称的订定，首先考虑以器形来划分，同时参照原有名称，如青铜器造型中的鼎式、簋式等，然后从《宣德鼎彝谱》等古籍寻找参考名称，如冲耳乳足炉、桥耳乳足炉等。其他数量较少或无法归类者，一律列为杂式。明清国朝年号款器、人名及斋堂等他款器总体数量不多，样式却又同样纷杂，若依然在铭款下细分具体样式，便显得过于琐碎，故不再细分。

新字号宣铜器的情况与故字号宣铜器的情况相反，这部分器物在进入故宫博物院前一直在民间流传，传承过程不是很清晰。但是这并不意味着里面没有精品，其中是否包含有当年宫中的流出物也未可知。研究这部分器物，并与故字号的宣铜器进行横向对比，既可披沙拣金、去伪存真，也可为旧藏宣铜器提供对比资料。有所不同的是，对故字号器物，笔者的着重点在于分析器形特点、铸造加工痕迹及旧藏地点与器物外表的关系等；而新字号器物，则通过与故字号器物对比，重点分析器物的时代特点。这批器物多数是1958年或1966年入藏故宫博物院的，只有极个别器物晚至1980年后入藏，这对建立、健全各时代宣铜器的信息库也有着非同小可的意义。所以，几乎近半新字号宣铜器本书都有涉及，但其不是重点，整体数量也少得多。本书的主旨是选取有代表性的新字号宣铜器，同故字号的相关器物作横向对比，并将具有特殊性者列举一二。相对故字号器物而言，新字号器物起到补充和对比作用。

三　关于宣铜器的几个问题

关于宣铜器有几个广为关注的问题：一是锌元素的断代参考作用；二是器表特征与铸造、加工的关系问题；三是宣德朝到底有没有"宣德炉"的问题，四是宣德本朝器（也即"真宣"）的款应以什么为标准；五是宣铜器的用料问题。当然还有一些其他关注点，比如《宣德鼎彝谱》真伪的问题等。第一点是我在2006年开始的"故宫藏宣德款铜器的断代研究"课题中总结并提出来的：不同时代因铸造方法不同或配料差异原因，导致锌含量在宣铜器中有着规律性的变化。了解、掌握这个变化规律，可以验证传统方法鉴定的结论。第二点其实是包含铸炉过程的两个阶段，器表抽象的凹凸纹、橘皮纹，都是铸造过程中的小技巧，而纵向的剔痕、旋转的打磨痕则属于后期加工的范畴。其他几个问题也在《宣德炉研究——故宫藏宣铜器的整理与研究》一书中做了初步释疑[10]。经过近些年的探索与研究，现就一些问题做些必要的补充。

（一）清代老炉后刻款、改刻款及毁铜取料的现象

清代宣铜器中有将原本无款炉补刻款的情况，如："于乾隆五十六年十月十八日交太监鄂鲁里具奏，奉旨：钵盂、乳炉二件着刻款，配木座，其烧古匠甘耀成准赏给三两钱粮。钦此。"[11]再如乾隆二年六月铸炉作："二十七日七品首领萨木哈来说，太监毛团交汉纹桶炉一件、钵盂炉一件、如意锁耳炉一件，传旨：着安乾隆年制款。钦此。于本年七月初一日将安款炉三件，七品首领萨木哈交太监毛团呈进讫。"[12]补刻款宣铜器实例如本书件133。

也有改款的情况出现。如乾隆"二十九年正月二十九日郎中白世秀……奉旨：铜烛台三件着毁铜，香炉二件、花瓶四件将阳纹款錾去，另刻阴文大清乾隆年制款"[13]。这也很好地解释了同是清宫旧藏的乾隆款器物，为何其中有个别宣铜器锌含量明显与众不同的原因。

另外还有将前朝或他处得来的铜器熔毁取料的记载，这种情况在乾隆朝出现最为频繁。如乾隆五十年三月铸炉处："十八日，员外郎五德、库掌大达色、催长舒兴来说太监鄂鲁里交铜胎嵌碎金星玻璃片冰裂纹瓶一对（随紫檀木座，玻璃重二十两）、西洋珐琅铜胎香几一对（随绣金线红猩猩毡垫）、铜手炉八十个、铜面盆八十个、青绿双鱼圆洗一件、青绿花觚一件、各式铜镜大小一百八两，传旨：俱毁铜，木座做材料用，猩猩毡垫熔化，其金星玻璃瓶将玻璃起下有用处用。钦此。于三月二十七日库掌大达色、催长金江、舒兴来说太监鄂鲁里交青绿铜瓶、铜炉等大小

三十件（木座三件、玉顶一件、盖一件、水晶顶一件）、珐琅大瓶一件，传旨：毁铜，玉顶、水晶顶变价，木盖座做材料用。钦此。于三月二十八日库掌大达色、催长金江、舒兴来说，太监鄂鲁里交铜炉一件、铜洗一件、铜瓶一件、铜小水盛一件，传旨：毁铜。钦此。"[14]说明乾隆朝的铜料来源复杂，因之也造成了此时宣铜器的锌含量比值浮动较大，范围较他朝要宽泛一些。实例如本书件136至件142。

（二）关于斑铜和烁金、渗金工艺

斑铜到底是什么时候出现的呢？据研究，"斑铜工艺的最初创始人张氏铜匠就是随官府组织的大批手工业工人为开滇而落籍云南的，又是在清朝初期才定居会泽。由此可以断定，最早斑铜器出现的时期应为清朝初期，距今大约250年左右"[15]。

斑铜分生斑和熟斑两种。"一般情况下，优质的自然铜经过锻打、烧斑处理，得到的斑铜工艺品称为'生斑'；按照比例将锡、锌等金属加入熔融态纯铜中，经铸造、显斑着色处理得到的斑铜工艺品称为'熟斑'。"[16]

生斑铜在古文献上只有很少的记载，清代吴大勋《滇南闻见录》："自来铜，不可经火，须生锤成器，如锤成炉，则宝色倍于寻常之炉……"说的是生斑铜只能锤打而成。民国《续修昆明县志》卷五中也有"锤造炉瓶成冰形斑斓者，为斑铜器"的记载。锤造即锻打。所谓熟斑是熔化浇铸后产生的。据考证："大约在20世纪初，昆明一带的铜匠创制了熟斑工艺。至今约有100年的历史。目前，所能见到的斑铜也基本上都是熟斑铜。"[17]"民国初期，昆明一带的铜匠创制了铸造斑铜工艺，一般被称为'熟斑'。"[18]也就是说熟斑铜出现的时间并不长，顶多一百年出头。

清宫旧藏斑铜炉的时代可追至清中晚期，如本书件25大明宣德年制款冲耳乳足炉。另外在新字号器物中也有数件斑铜炉，

10 李米佳：《宣德炉研究——故宫藏宣铜器的整理与研究》，科学出版社，2012年。

11 中国第一历史档案馆、香港中文大学文物馆：《清宫内务府造办处档案总汇》第52册第624—625页，人民出版社，2005年。

12 中国第一历史档案馆、香港中文大学文物馆：《清宫内务府造办处档案总汇》第7册第826页，人民出版社，2005年。

13 中国第一历史档案馆、香港中文大学文物馆：《清宫内务府造办处档案总汇》第28册第39—42页，人民出版社，2005年。

14 中国第一历史档案馆、香港中文大学文物馆：《清宫内务府造办处档案总汇》第48册第145—147页，人民出版社，2005年。

15 吴雨亭、李纶、张瑞、刘茜：《云南斑铜工艺的成因及历史发展研究》，《大众文艺》2009年第22期。

16 冯皓：《艺术铸造中云南斑铜的生产工艺研究》，《铸造技术》2014年第10期。

17 王少龙等：《云南斑铜的显斑着色工艺研究》，《表面技术》2005年第2期。

18 李纶、曹以祥、徐人平：《云南斑铜工艺》，《昆明理工大学学报》（自然科学版）2001年4月。

19 赵汝珍：《古玩指南》第112页，中国书店，1993年。

20 (明)吕震：《宣德彝器图谱》附明吕棠《宣德彝器谱》第467页，中国书店，2006年。

21 《明史》卷三百三十一《列传第二百十九·西域三》，第597页，上海古籍出版社，1986年。

本书中选入两件，时代分别是清中晚期、清晚期。这些斑铜炉器壁厚，没有接缝，铭款处尚留有明显的铸痕，无疑是铸造的，所以理论上应是熟斑铜。这就大大超过了前述引文所说熟斑铜出现的时间，很是奇怪。但是仔细观察这些铜炉上的斑花，大小相间，边缘有锐角，层次清楚，有明显的光线折射，这又不是熟斑铜所能具有的特征，反而像生斑铜所独有的特征。这也让人疑惑。另外，需要说明的是以上铜炉经检测都不含金，所以绝不会是表征类似的烁金工艺。

宣铜器的烁金工艺以往只存在记载中，不见实物，久之便成了传说。赵汝珍在《古玩指南》中解释 "烁金色"："用赤金混于铜内，视之有碎金点也。"[19]金的熔点是1064.18℃，比黄铜的熔点940℃略高，烁金是利用两种金属不同熔点的一种工艺。如本书中选入的件131大清康熙年制款戟耳圈足炉，其金饰隐耀于器物之内，妙在变化于隐显之间。

曾有人将古籍中记载的渗金混同于烁金，其实这是两种完全不同的工艺。虽然二者都含金，但渗金是"用赤金作屑，炼燎七次，水银薰擦入骨"[20]其金饰效果虽也在器表之下，但外形状若雨雪点，说明通过擦拭渗透进去的金饰不可能具有棱状或片状尖角，与烁金在工艺手段和视觉效果上都完全不同。

（三）锑元素的断代参考作用

在宣铜器鉴定中，锌含量是断代的重要参考数据，目前已为大家所了解和应用。其实还有另一种金属在宣铜器断代中有着重要意义，那就是锑。

锑是电和热的不良导体，在常温下不易氧化，有抗腐蚀性能。因此，锑在合金中的主要作用是增加硬度。据《汉书·食货志》记载："王莽居摄，变汉制，铸作钱币均用铜，淆以连锡。"《史记》载："长沙出连锡。"其中的"连锡"就是锑。由此可知中国是世界上发现并利用锑较早的国家之一。

那么宣铜器中的锑含量对鉴定的参考作用又体现在哪里呢？经过对清宫旧藏宣铜器检测结果比对，发现了一个有意思的现象：明宣德本朝宣铜器都不含锑，无一例外；明晚期宣铜器除一件新字号外全部含锑；清代宣铜器既有含锑的，也有不含锑的。以上现象不局限于故字号宣铜器，新字号宣铜器含锑的时代分布也基本符合这一特点。其中，明晚期宣铜器锑含量全部是百分之零点零几的微量，而清中期、清中晚期、清晚期锑含量跳动幅度比较大，有0.01%的，也有高达0.46%的。

为什么从明晚期开始宣铜器中会突然出现锑元素呢？而且是普遍出现。原来明晚期时中国发现了世界上最大的锑矿产地——湖南"锡矿山"(今属湖南冷水江市)。当时把锑误认为是锡，故命名为"锡矿山"。明晚期宣铜器中突然出现锑元素，是与此息息相关的。清代光绪十六年(1890年)经化验，得知此"锡"名曰锑。于是光绪二十三年(1897年)创办了积善炼锑厂，这也是中国最早的炼锑厂，从此中国的"连锡"便转入了锑生产的时代。但需要注意的是，宣铜器中百分之零点几的锑含量属于微量，绝不是有意加入的，取料的矿物中有共生锑的可能性最大。

（四）宣德朝有无"宣德炉"的争论可以休矣

缂丝"大慈法王"唐卡，是西藏拉萨罗布林卡收藏的一幅珍品，属国家一级文物，原来一直供奉于色拉寺，是色拉寺的镇寺之宝。大慈法王(1355－1435年)是宗喀巴的亲传弟子，是黄教在内地的第一个传播者，被永乐皇帝授予"妙觉圆通慈慧普应辅国显教灌顶弘善西天佛子大国师"的封号。宣德九年(1434年)又被皇帝册封为"万行妙明真如上胜清静般若弘昭普慧辅国显教至善大慈法王西天正觉如来自在大圆通佛"[21]。

在唐卡画面的一侧，也就是大慈法王像右侧的几案上，摆着一些物件，其中最引人注目的就是一只体型较大的香炉(图1)。圆鼎式造型，平口外侈，收颈，鼓腹圆收，三乳足较高，足根部有如意头装饰。朝冠耳较大，起自颈部。颈下部有一周弦纹。盖钮为一硕大的狮子造型，神秘生动，引人注目。盖外沿饰一周莲瓣纹。器形古拙周正，各部分比例适中，制作精良。据考证，"此幅唐卡应该是于宣德九年皇帝赏释迦也失为'大慈法王'时赐予他的"[22]，同批御赐的还有佛经、佛像、法器、金银等。从唐卡对器物的写实性来看，可知这就是当时宣德炉的真实写照了。

(五) "真宣" 铭款应以沈度字体为标准

明代官款有楷书和篆书两种写法。篆书年款自明永乐开始出现，以后宣德、弘治、万历等朝均有，以刻划暗款为主，一般为"某某年制"四字。楷书年款自宣德朝开始出现，一般为"大明某某年制""大明某某年造""某某年制"等字样。

就宣铜器而言，年款是判断年代的重要参考。宣铜器的铭款有数种，目前流传的宣德款主要有"宣"款、"宣德"款、"宣德年制"款、"大明宣德年制"款四种，以减地阳文楷书为主，其他还有阴文楷书、单框阴文篆书等。铭款风格因书写者而异，各代各朝不一。清人高士奇(高江邨)《宣德鳅耳炉》有"纪年题款识，细认楷三行"句，并注："镌款'大明宣德年制'六字作三行，当时命学士沈度楷书。"[23]我们不妨顺着这条线索查下去。沈度(1357—1434年)，字民则，号自乐，松江华亭(今上海松江)人。明代书法家。曾任翰林侍讲学士，擅长书法，天下竞相模仿，称为"台阁体"。他善篆、隶、真、行等书体，楷书写得工整匀称，平正圆润，明成祖十分喜欢和推崇，甚至夸他是"我朝王羲之"。董其昌也对沈度颇推崇，认为"文(微明)、祝(允明)二家，一时之标，然欲突过二沈，未能也"。从这一点看，明代宣铜器的铭款应该具有沈度"台阁体"书法特点。需要注意的是，沈度"德"字的写法为"徳"(心上少一横)。

2006年11月21日，我以"故宫藏宣德款铜器的断代研究"课题小组的名义，请故宫博物院资料信息部协助，从藏于故宫博物院的沈度作品中将有关的字辑在一起，形成"大明宣德年制"六字款，以求证铭款特征与沈度的关系。可惜那时只是为了课题研究的需要，辑字图片清晰度不够。如今，资料信息部的专家再度辑成"大明宣德年制"六字款，以达到出版要求。从沈度以下法书作品中选辑：

(1)沈度楷书《谦益斋铭》：

第四列，"大"字(图2)。

第九列，"德"字(图3)。

第十列，"朝"字之"月"旁(图4)。

(2)沈度楷书《敬斋箴册》：

第二列，"衣"字(图5)。

第十八列，"年"字和"日"字(图6)。

(3)沈度楷书《四箴页》：

"言箴"第二列，"宣"字(图7)。

"视箴"第四列，"制"字(图8)。

最后形成"大明宣德年制"六字款(图9)。

就书法特征来看，有些故字号宣德款铜器的写款方式，确实非常吻合沈度的书法特征。如本书中的件1、件44、件45的铭款，可谓法度谨严，点画巧妙，转折分明，提按清楚，既有法度，又不刻意做作(图10～图12)。字中牵丝搭笔，显得十分自然，颇有沈度用笔神韵。通过辑字比较，这些款识的落笔、收笔、撇捺、转折、勾挑都很接近沈度书法。其结构方正，体量匀称，线条轻重及粗细变化也几无二致。

(六) 宣铜器的铸造用料

在关于宣铜器的记载中，"风磨铜"字样随处可见。这到底

22 张春燕、王晨、吕军：《大慈悲法王像——缂丝唐卡》，《中国西藏》2010年第3期。

23 (清)高士奇：《高士奇集》"归田集"卷十一"古今体诗共七十一首"，第1815页、1816页，清康熙刻本。

图1 明宣德 缂丝大慈法王唐卡
西藏拉萨罗布林卡藏

图2 明 沈度《谦益斋铭》中的"大"字　图3 明 沈度《谦益斋铭》中的"德"字　图4 明 沈度《谦益斋铭》中的"朝"字　图5 明 沈度《敬斋箴册》中的"衣"字　图6 明 沈度《敬斋箴册》中的"年"字和"日"字　图7 明 沈度《四箴页》中的"宣"字　图8 明 沈度《四箴页》中的"制"字　图9 电脑合成的"大明宣德年制"款

图10 大明宣德年制款冲耳乳足炉（款）故宫博物院藏　图11 大明宣德年制款蚰龙耳圈足炉（款）故宫博物院藏　图12 大明宣德年制款蚰龙耳圈足炉（款）故宫博物院藏

24 周卫荣：《我国古代黄铜铸钱考略》，《文物春秋》1991年第2期。

25 倪建林：《冶铸文明：青铜艺术》第2页，西南师范大学出版社，2009年。

是一种什么样的铜呢？根据中国冶铜发展阶段来看，宣德时期应该只有青铜和红铜（纯铜）两种。考古发现证实，我国"自明代嘉靖三十二年始用黄铜铸钱"[24]。《大明会典》载："嘉靖中则例：'通宝钱'六百万文，合用二火黄铜四万七千二百七十二斤……"我国中原地区用黄铜成批铸造器物的历史要晚至明末，原因是形成黄铜合金需要锌，而锌是很难单独提炼的。历史上在平原地区曾偶尔出现过黄铜制品，如"1973年在陕西临潼姜寨仰韶文化遗址中发现的一件半圆形残黄铜片，距今已有六七千年的历史"[25]。但那是得益于铜锌共生矿，而非有意识的单独提炼锌。这

样看来，风磨铜似乎不应该是黄铜，然而事实并不完全如此。

故宫博物院藏宣铜器质地细腻，有些还留有莹润的色泽，显示出丰富的用料和精工的铸造。无论是否表面具有皮壳，以肉眼观察，均可见黄铜特征。但问题是，宣铜器应该是以宣德本朝铸铜器的用料和冶炼方法为本，那么明代宣德年间是否已经用黄铜铸造器物了呢？这与前述考古方面的结论不符。

难道清宫造办处档案记录的"做宣铜的二件"指的并不是黄铜吗？可惜这条档案中记录的那两件"宣铜"我们找不到实物，而我们目测是黄铜的这些实物，一时也无法逐一与档案对

应。乾隆九年的一条档案引起了我们的注意:"(十一月)二十日司库白世秀、七品首领萨木哈、副催总达子来说,太监胡世杰交世宗御赐……铜烧古双耳长方炉一件(随铜座)……传旨:……各配做一匣盛装,俱要杉木胎糊白纸黄绢面,匣上各写'世宗御赐'字样签子,再做磁青纸折子一件。钦此。于乾隆十年十一月十二日司库白世秀将以上世宗御赐古玩等配得杉木胎糊黄绢匣盛装,写得签子,持进交太监胡世杰呈进讫。"[26]这件配有木匣,上书"世宗御赐"纸签的虬龙耳台几式炉(图13)[27],在旧藏器中非常醒目。2006年我们与北京大学考古文博学院进行合作,对该炉的几个部位(包括底座)进行了无损的科学检测(表一)。检测结果说明,这件世宗御赐的宣铜器属黄铜无疑。

表一 大清雍正年制款虬龙耳台几式炉分析结果表(wt.%)

检测位置＼金属元素	铜	锌	铅	铁	锡	砷	锑	银	铋	金	镍	汞
口沿	89.9	7.4	2.2	0	0	0	0	0	0	0	0	0
足部	91.1	8.1	0.5	0	0	0	0	0	0	0	0	0
外底	88.5	9.1	2.1	0	0	0	0	0	0	0	0	0
底座	77.2	20.2	2.1	0.1	0	0	0	0	0	0	0	0
底座足	80.3	16.8	2.6	0.1	0	0	0	0	0	0	0	0

注:0表示含量低于仪器检出限。

这样的检测结果,原因有两种可能,且是矛盾的:第一,清代宣铜器铸造沿用的是明嘉靖以来的黄铜铸造体系,并非是以宣德本朝铜炉的用料和冶炼方法为本。第二,清代宣铜器铸造确实是以宣德本朝炉的用料和冶炼方法为本,而宣德时期已使用黄铜。

第二种可能的前提是要找到宣德时期已经用黄铜铸器的证明。否则就是第一种可能,即清宫旧藏的这批宣铜器都是嘉靖以后铸造的。要解决这个问题,就一定要找到宣德年间的黄铜器实物,哪怕是一件,只要它流传过程清晰,有证可考,有据可查。

青海省博物馆有一件原藏瞿昙寺的铜鎏金双耳活环瓶,高79.2厘米,口径28.6厘米,腹径46.1厘米。器形硕大,造型规整,鎏金厚实且成色佳,束颈,垂腹,圈足,颈部双云形耳套活环。直口处铸阳文"大明宣德年施"款(图14)。据《青海方志资料类编》记载:"宣德二年(1427年)二月内,钦建隆国殿,赐予宝器极多……瓶、炉、香案,皆宣德佳制也。"[28]此为其中一件。制作工艺精良,汉字铭文书体,显示出皇家铸造的雍容华贵之态,为研究明宣德时期的铸造工艺和器物断代,提供了重要的实物依据。其造型充满了浓郁的青铜器风格,如口部造型来源于战国早期的扁壶,双耳套环、内收的高圈足及肩部凸起的纹饰又与西周早期的壘几无二致。2010年末,我们对该器进行了无损检测(表二)。分别选择瓶口部的平面、侧面,耳部,腹部及足部进行抽检,其中锌含量的谱图峰值为11.808%—14.653%,而锡的含量均为零。需说明的是,虽然为了检测出的器物内部成分更加准确,检点均选择脱金部位,以尽量排除器表鎏金的干扰,但是分析报告显示,不同部位金元素含量跳度很大,达0—14.609%。如此来看,

26 中国第一历史档案馆、香港中文大学文物馆:《清宫内务府造办处档案总汇》第12册,第594—597页,人民出版社,2009年。

27 档案中的"铜烧古双耳长方炉"与《宣德彝器图谱》卷十五"台几式炉"器形一致,为行文统一,此处采用图谱所录名称。

28 王昱:《青海方志资料类编》(下)第1073页,青海人民出版社,1988年。

图13 大清雍正年制款虬龙耳台几式炉
故宫博物院藏

图14 明宣德 铜鎏金双耳活环瓶
青海省博物馆藏

表二 瞿昙寺藏铜鎏金双耳活环瓶分析结果表（wt.%）

检测位置 \ 金属元素	铜	锌	铅	铁	锡	银	金	汞
瓶口平面	69.336	11.808	0.341	0.138	0	0.199	14.609	3.294
瓶口侧面	73.226	12.712	0.370	0.111	0	0.138	11.160	2.044
耳部	82.316	13.759	0.786	0	0	0.111	2.319	0.435
腹部	83.228	14.653	1.175	0	0	0.119	0	0
足部插口	80.733	13.960	1.081	0.214	0	0.091	0	3.562

注:0表示含量低于仪器检出限。

检测还是未能完全排除鎏金残余物的影响,故金元素的含量仅作参考之用。

检测结果说明,这件宣德二年所赐的铜鎏金双耳活环瓶,虽然造型明显借鉴或模仿了青铜器,但其材质却是真正的黄铜,而非青铜。这一点与清宫旧藏宣铜器无疑是一样的。虽然该器制作略早于记载的宣铜器的铸造时间,但其样式与《宣德鼎彝谱》和《宣德彝器图谱》中所记载的样式契合。这件宣德二年铸造的铜鎏金双耳活环瓶,无疑是一件典型的宣铜器。后来的小炉形宣铜器是有其工艺和审美渊源的。

（七）清代官造宣铜器与制式铜钱金属成分对比

清代国朝年号款宣铜器和清代国家金库贮藏的制式铜钱皆为黄铜制造,他们在具体成分上有什么区别呢?这一点在研究过程中引起了我的兴趣,更因为二者都是从清宫旧藏品中取样,也使对比有了章义。具体来看,铜钱的锌含量随着时代的更迭是逐步上升的,这一点和宣铜器是同步的,只不过铜钱的锌含量要高得多。另外,嘉庆朝宣铜器锌含量突然有个掉落,不知何故。锡、铅元素比值在铜钱和宣铜器中一样,都属微量,但康熙朝例外。康熙朝宣铜器铅元素比值居然达到1/3弱,几乎与锌对等。其手感好,掂在手里较重,但是颜色略暗。锑元素在清代宣铜器中常不规律出现,但铜钱中只在康熙朝出现,这和炼炉取料的地点有关。

尽管取样都是清宫旧藏器,尽量避开了不同地域铸钱、铸炉带来的混乱,但是看来宣铜器和铜钱的可比性并不大,只能是一个参考。下表中只列出康熙朝宣铜器的相关数据以供参照,其余宣铜器有关数据在正文中均有列出,此处不再重复(表三)。

表三 康熙宣铜器与清代铜钱分析结果表（wt.%）

名称 \ 金属元素	铜	锌	铅	锡	锑	银
康熙宣铜器	84.89 /83.04	9.05 /10.29	0.56 /1.16	0.01 /0.07	0	0
康熙铜钱	43.06	27.84	20.52	0.78	0.08	0.04
雍正铜钱	59.28	32.59	0.65	0.05	0	0
乾隆铜钱	58.92	33.99	0.44	0.02	0	0
嘉庆铜钱	76.70	15.13	0.36	0.01	0	0
道光铜钱	66.37	26.27	0.48	0	0	0

注:表中元素比值为多点检测的均值,其中康熙宣铜器数据采自两件器物。0表示含量低于仪器检出限。

Research on Xuan Copperware

Li Mijia

1. The Naming of "Xuan Copperware" (*Xuan Tong Qi*)

"Xuande censer" (*Xuande lu*) is a general term. It not only refers to the incense burners made during the Xuande period (1426-1435) of the Ming dynasty, but also refers to those copper censers in similar shape. It is inaccurate to call this kind of copperware collectively as "censer" (*lu*), because there are many other kinds, such as *ding* (tripod caldron), *gui* (round-mouthed food vessel with two or four loop handles), *li* (caldron with three hollow legs), *zun* (wine vessel), *hu* (pot), which obviously has borrowed or imitated the shape of bronze ware. There is also copperware of such type without Xuande inscriptions, for example, a copper censer with inscription "Da Qing Yongzheng nian zhi" (*lit*. made in the Yongzheng period of the Qing dynasty), which is also inappropriate to be called "Xuande censer".

We have found out a very suitable name for this kind of copperware, that is, "Xuan copper" (*Xuan tong*). This phrase appeared frequently in the literati works of the middle and late Ming dynasty. Literally, it refers to the copper censers with Xuande inscription, i.e., "Xuande censer". In a general sense, it also includes the copper censers in a shape similar to those with Xuande inscription, but inscribed with other inscriptions or without inscription. The earliest record of "Xuan copper" can be found in *Eight Treatises on Prolonging Life* (*Zun Sheng Ba Jian*) written by Gao Lian of the Ming dynasty. There are also other records in the late Ming dynasty. This phrase can also be seen in the *Collected Archives of the Workshops of the Imperial Household Department of the Qing Court* (*Qinggong Neiwufu Zaobanchu Dangan Zonghui*).

2. Status Quo of the Xuan Copperware in the Palace Museum's Collection

The Palace Museum's collection of Xuan copperware can be roughly divided into two categories. The first ones were collected into the Palace Museum before 1949, including the original collection of the Qing palace, which constitute the majority, and some of the imperial collections from the Shenyang Palace Museum and Chengde Mountain Resort. The others were collected into the Palace Museum after 1949 through purchasing and donating, or allocated by the Administration of Cultural Heritage. In order to distinguish between these two categories, the former was registered with the mark of "Gu" (*lit*. old), while the latter with the mark of "Xin" (*lit*. new).

Most of the Ming-dynasty Xuan copperware was cast after the middle and late period of the Ming dynasty, and few were left in comparison with the amount of the Qing dynasty, which count for the majority. Among them, those inscribed with the official marks of "Kangxi", "Yongzheng", "Qianlong" and "Jiaqing" were used in sacrificial and religious occasions, or in the inner palace.

3. Some Issues about the Xuan Copperware

(1) Adding inscription to the original censer, revising inscription, and melting down copperware for the material in the Qing dynasty

In the Qing dynasty, some Xuan copper censers originally without inscription were added with inscriptions, and some had their original inscriptions revised. In addition, records show that some copperware acquired from previous generations or other places were melting down for the metal materials, which occurred most frequently in the Qianlong period.

(2) *Bantong*, *shuojin*, and the process of *shenjin*

There are two kinds of *bantong*-raw and processed. Raw *bantong* has few records in historical documents. It is widely believed that processed *bantong* was created by coppersmiths of Kunming in the early 20th century, with a history of about 100 years. *Bantong* that can be seen at present are basically processed ones.

The *bantong* copper censers from the collection of Qing palace can be traced to the middle and late Qing dynasty. By carefully observing the patterns on these copper censers, one can see that they are very close to the characteristics of raw *bantong*. However, these censers were undoubtedly made by casting, which means that theoretically they should be processed *bantong* copperware. This conclusion will bring forward the time of processed *bantong* mentioned above, which is very strange.

The melting point of gold is 1064.18 °C, slightly higher than that of brass, 940 °C. *Shuojin* is a process that utilizes the different melting points of these two kinds of metals.

Some people have mixed the process of *shenjin* recorded in ancient literature with *shuojin*. In fact, they are completely different. Although the gilt effect of *shenjin* is also under the surface of the copperware, its shapes like drops of rain and snow, which is completely different from *shuojin* in craftsmanship and visual effect.

(3) The dating reference function of antimony

China is one of the earliest countries in the world to discover and use antimony. By comparing the detection results of Xuan copperware from the collection of the Qing palace, an interesting phenomenon was discovered–the Xuan copperware cast in the Xuande period of Ming dynasty, without exception, does not contain antimony, while the Xuan copperware cast in the late Ming dynasty (except one piece with registration mark of "Xin") all contain antimony. In each period of the Qing dynasty, there are examples of Xuan copperware containing antimony (also some without). The antimony content of Xuan copperware in the late Ming dynasty is under 0.1%, while those in the middle and late Qing dynasty ranging from 0.01% to 0.46%.

(4) The debate on the existence of "Xuande censer" in the Xuande period could come to an end

The "Byams-chen chos-rje" Thangka Tapestry is a treasure collection of Norbulingka in Lhasa, Tibet, and is one of China's first-class national cultural relics. It was originally enshrined in the Sera Monastery, Lhasa. On one side of the Thangka, i.e., on the table at the right side of "Byams-chen chos-rje", there are some objects, the most striking of which is a large incense burner. According to experts on Tibet, this Thangka was awarded by Emperor Xuande in the ninth year of Xuande period (1434), along with Buddhist scriptures, Buddha statues, Buddhist musical instruments, gold and silver. Judging from the realistic style of Thangka art, this is inferred to be a portrayal of Xuande censer at that time.

(5) The "Zhen Xuan" inscription should be identified by the writing style of Shen Du

There are two kinds of official inscriptions in the Ming dynasty: regular script and seal character. The inscriptions on Xuan copperware mainly include four kinds: "Xuan", "Xuande", "Xuande nian zhi" and "Da Ming Xuande nian zhi". The style of inscription varies with different writers and reign periods. According to the records by Gao Shiqi, the dating inscriptions of Xuande censer were made based on the regular script of scholar Shen Du, written under the order of Emperor Xuande. Shen Du was a calligrapher of the early Ming dynasty, and had gained the admiration of Zhu Di (Emperor Chengzu of the Ming dynasty). The emperor even praised him as "Wang Xizhi of the Ming dynasty." As far as the calligraphic characteristics are concerned, some of the inscriptions on the Xuande copperware from the Qing palace collection were written in a way that is consistent with the writing style of Shen Du.

(6) Materials for casting Xuan copperware

In the historical records of Xuan copperware, the phrase "*feng mo tong*" can be seen frequently. What kind of copper is it? According to the development history of China's melting copper industry, there should be only bronze and red copper (pure copper) during the Xuande period of the Ming dynasty. Archaeological discoveries confirmed that using brass to cast coins began in the 32nd year of Jiajing period (1553). Judging from this, in the Central Plains of China, the time of using brass to cast collectively was no earlier than the late Ming dynasty. That is because the formation of brass alloys requires zinc, which is difficult to extract separately. It seems that "*feng mo tong*" should not be brass. However, this is not true.

The Xuan copperware in the collection of the Palace Museum, observed from outside, shows the features of brass. From the collection of the Qinghai Province Museum, there is a gilt vase with double earrings, which was originally collected in Qutan Temple. Its mouth is inscribed with "Da Ming Xuande nian shi". According to records, it was awarded by the emperor in the second year of Xuande period (1427). At the end of 2010, we carried out non-destructive testing on this vase, finding out that it was made from real brass, instead of bronze. This is undoubtedly the same as that of the Xuan copperware collected in the Palace Museum.

(7) Comparison of metal composition between official-made Xuan copperware and standard copper coins in the Qing dynasty

The Xuan copperware inscribed with marks of dynasty and period of the Qing dynasty, for example, "Da Qing Kangxi nian zhi" (*lit*. made in the Kangxi period of the Qing dynasty), was made from brass, the same as the standard copper coins stored in the national treasury storage of the Qing dynasty (such as "*Kangxi tongbao*"). What is the difference in their composition? The zinc content of copper coins gradually increased along with the change of times, which is the same as that of the Xuan copperware, except that the zinc content of copper coins is much higher. In addition, in the Jiaqing period, the zinc content suddenly reduced.

The contents of tin and lead in copper coins are micro, the same as that in the Xuan copperware, except for those of the Kangxi period. The content of lead in the copper coins of the Kangxi period is close to 1/3, which is nearly equal to that of zinc. Copper coins of that period are featured by good sense of touching, heavy in the hand, but with slightly darker color.

Antimony appeared irregularly in the Xuan copperware of the Qing dynasty, while only appeared in copper coins of the Kangxi period. This is related to the location of selecting raw materials and casting the furnace.

In general, the comparison between Xuan copperware and copper coins of the Qing dynasty is a reference for researching Xuan copperware, but the comparability is limited.

凡例

一　本书所收宣铜器为故宫藏品中有代表性者,以清宫旧藏器为主。

二　器物时代介于明宣德至清晚期。

三　全书按铭款分为三大类,即:大明宣德年制款(包括宣、宣德、宣德年制款)器、明清国朝年号款
　　(除宣德年号款外)器、人名及斋堂等他款器(包括无款器)。其次,再按器形细分。同一器形按
　　时代先后为序排列。

Notes

　　1. The Xuan copperware in this book is representative of the collections in the Palace Museum, the majority of which is originally collected in the Qing palace.

　　2. The time span of copperware was between Xuande period of the Ming dynasty and the late Qing dynasty.

　　3. Copperware in this book is divided into three categories according to the inscriptions, namely: copperware inscribed with "Da Ming Xuande nian zhi" (*lit*. made in the Xuande period of the Ming dynasty, including inscriptions of "Xuan", "Xuande", "Xuande nian zhi"); those inscribed with names of dynasties and reign periods of the Ming and Qing dynasties (except Xuande period); and those inscribed with names of people, studies, and others (including those without inscription). Each category is further divided according to the shape, and those of the same shape are arranged in chronological order.

图版目录

001	大明宣德年制款冲耳乳足炉	030
002	大明宣德年制款冲耳乳足炉	032
003	大明宣德年制款冲耳乳足炉	034
004	大明宣德年制款冲耳乳足炉	035
005	大明宣德年制款冲耳乳足炉	036
006	大明宣德年制款冲耳乳足炉	037
007	大明宣德年制款冲耳乳足炉	038
008	大明宣德年制款冲耳乳足炉	039
009	大明宣德年制款冲耳乳足炉	040
010	大明宣德年制款冲耳乳足炉	041
011	大明宣德年制款冲耳乳足炉	042
012	大明宣德年制款冲耳乳足炉	044
013	大明宣德年制款冲耳乳足炉	045
014	大明宣德年制款冲耳乳足炉	046
015	大明宣德年制款冲耳乳足炉	047
016	大明宣德年制款冲耳乳足炉	048
017	大明宣德年制款冲耳乳足炉	049
018	大明宣德年制款冲耳乳足炉	050
019	宣德款冲耳乳足炉	052
020	大明宣德年制款冲耳乳足炉	053
021	大明宣德年制款冲耳乳足炉	054
022	大明宣德年制款冲耳乳足炉	056
023	大明宣德年制款冲耳乳足炉	057
024	大明宣德年制款冲耳乳足炉	058
025	大明宣德年制款冲耳乳足炉	060
026	大明宣德年制款冲耳乳足炉	062
027	大明宣德年制款冲耳乳足炉	064
028	大明宣德年制款冲耳乳足炉	066
029	大明宣德年制款冲耳乳足炉	068
030	大明宣德年制款冲耳棱足炉	069
031	大明宣德年制款桥耳乳足炉	070
032	大明宣德年制款桥耳乳足炉	071
033	大明宣德年制款桥耳乳足炉	072
034	大明宣德年制款桥耳乳足炉	073
035	大明宣德年制款桥耳乳足炉	074
036	宣德年制款桥耳乳足炉	075
037	大明宣德年制款桥耳乳足炉	076
038	大明宣德年制款桥耳乳足炉	077
039	大明宣德年制款桥耳乳足炉	078
040	大明宣德年制款桥耳乳足炉	079
041	大明宣德年制款桥耳乳足炉	080
042	大明宣德年制款桥耳低脚炉	082
043	大明宣德年制款桥耳低脚炉	083
044	大明宣德年制款螭龙耳圈足炉	084
045	大明宣德年制款螭龙耳圈足炉	086
046	大明宣德年制款螭龙耳圈足炉	088
047	大明宣德年制款螭龙耳圈足炉	089
048	大明宣德年制款螭龙耳圈足炉	090
049	大明宣德年制款螭龙耳圈足炉	092
050	大明宣德年制款螭龙耳圈足炉	093
051	大明宣德年制款螭龙耳圈足炉	094
052	大明宣德年制款螭龙耳圈足炉	096
053	宣德年制款螭龙耳圈足炉	097
054	大明宣德年制款鱼耳圈足炉	098
055	大明宣德年制款鱼耳圈足炉	100
056	大明宣德年制款鱼耳圈足炉	102
057	大明宣德年制款鱼耳圈足炉	104
058	大明宣德年制款鱼耳圈足炉	106
059	大明宣德年制款鱼耳圈足炉	108
060	大明宣德年制款鱼耳圈足炉	110
061	大明宣德年制款鱼耳圈足炉	112
062	大明宣德年制款鱼耳圈足炉	113
063	宣德年制款方戟耳圈足炉	114
064	大明宣德年制款圆戟耳圈足炉	115
065	大明宣德年制款戟耳圈足炉	116
066	大明宣德年制款鬲式炉	117
067	大明宣德年制款鬲式炉	118
068	大明宣德年制款鬲式炉	120
069	宣德年制款鬲式炉	121
070	宣德年制款鬲式炉	122
071	大明宣德年制款鬲式炉	124
072	宣德年制款鬲式炉	125
073	大明宣德年制款方折耳乳足炉	126
074	大明宣德年制款低脚押经炉	128
075	大明宣德年制款低脚押经炉	130
076	大明宣德年制款狮耳圈足炉	131
077	大明宣德年制款狮耳圈足炉	132
078	大明宣德年制款狮耳圈足炉	134
079	大明宣德年制款狮耳圈足炉	135
080	大明宣德年制款狮耳圈足炉	136
081	大明宣德年制款狮耳圈足炉	138
082	大明宣德年制款狮耳兽足炉	140
083	大明宣德年制款狮耳衔环圈足长方盖炉	142
084	大明宣德年制款兽耳衔环圈足长方盖炉	148
085	大明宣德年制款狮耳衔环海棠形盖炉	150
086	大明宣德年制款狮耳兽吞足长方炉	156

087　大明宣德年制款狮耳柱足炉 160
088　大明宣德年制款龙耳海棠式盖炉 162
089　宣德年制款夔凤耳云足长方炉 164
090　大明宣德年制款夔凤耳竹节足长方炉 166
091　大明宣德年制款象耳象足炉 168
092　大明宣德年制款象耳象足盖炉 170
093　大明宣德年制款象耳圈足炉 172
094　大明宣德年制款兽耳圈足炉 174
095　大明宣德年制款朝冠耳兽足炉 176
096　大明宣德年制款朝冠耳兽足炉 177
097　大明宣德年制款朝冠耳兽足炉 178
098　大明宣德年制款圆鼎式盖炉 179
099　大明宣德年造款圆鼎式炉 180
100　宣德年制款圆鼎式炉 182
101　宣款绳耳圆鼎式炉 184
102　大明宣德年制款圆鼎式炉 186
103　大明宣德年制款量式炉 188
104　大明宣德年制款簋式炉 189
105　大明宣德年制款凤耳圈足炉 190
106　大明宣德年制款凤耳圈足炉 192
107　大明宣德年制款筒式炉 194
108　大明宣德年制款筒式炉 196
109　宣德年制款筒式炉 198
110　大明宣德年制款筒式炉 200
111　大明宣德年制款兽耳云足炉 202
112　宣德年制款钵式炉 204
113　宣德年制款钵式炉 205
114　宣德年制款钵式炉 206
115　大明宣德年制款钵式炉 207
116　宣德年制款钵式炉 208
117　大明宣德年制款兽耳衔环钵式炉 209
118　大明宣德年制款蝶耳方斗式炉 210
119　大明宣德年制款蚰龙耳台几式炉 212
120　大明宣德年制款石榴式炉 214
121　大明宣德年制款三羊瓶 216
122　宣德年制款龙耳兽足尊 218
123　大明宣德年制款铺首衔环耳壶 222
124　大明宣德年制款铺首耳衔环壶 223
125　大明宣德年制款罐 224
126　大明宣德年制款菱花式盘 225
127　大明嘉靖壬寅年制款朝冠耳兽足炉 226
128　大明嘉靖壬寅年制款朝冠耳兽足炉 228
129　大明崇祯年制款冲耳乳足炉 230

130　康熙年制款戟耳圈足炉 231
131　大清康熙年制款戟耳圈足炉 232
132　大清雍正年制款冲耳乳足炉 233
133　大清雍正年制款无耳兽足炉 234
134　大清雍正年制款云耳圆鼎式盖炉 236
135　大清雍正年制款蚰龙耳台几式炉 238
136　大清乾隆年制款冲耳乳足炉 242
137　大清乾隆年制款桥耳乳足炉 243
138　大清乾隆年制款蚰龙耳圈足炉 244
139　大清乾隆年制款方鼎式炉 246
140　乾隆年制款博山炉 248
141　大清乾隆年制款四出脊方瓶 250
142　大清乾隆年制款凤耳瓶 252
143　大清嘉庆年造款朝冠耳兽足炉 256
144　大清嘉庆年造款朝冠耳兽足炉 258
145　内坛郊社款蚰龙耳圈足炉 260
146　内坛郊社款蚰龙耳圈足炉 262
147　群麋草堂款冲耳乳足炉 264
148　吴邦佐监制款冲耳乳足炉 266
149　吴邦佐造款蚰龙耳圈足炉 268
150　吴邦佐造款狮耳圈足炉 269
151　吴邦佐造款狮耳圈足炉 270
152　吴邦佐监造款桥耳乳足炉 271
153　吴邦佐监造款桥耳乳足炉 272
154　吴邦佐造款桥耳乳足炉 274
155　吴邦佐造款桥耳乳足炉 275
156　吴邦佐造款绳耳兽足炉 276
157　行有恒堂制款冲耳乳足炉 278
158　万年永宝款狮耳圈足炉 280
159　玉堂清玩款冲耳乳足炉 284
160　玉堂清玩款冲耳乳足炉 286
161　玉堂清玩款鬲式炉 287
162　沈氏京藏款桥耳乳足炉 288
163　刘氏翼川家藏款蚰龙耳圈足炉 290
164　巴格仿宣款蚰龙耳圈足炉 291
165　宋君尊永宝用款尊式炉 292
166　兴翁清玩款狮耳圈足炉 296
167　琴书侣款鬲式炉 298
168　月友琴居款夔耳圈足炉 300
169　冲耳乳足炉 302
170　兽吞耳圈足炉 304
171　夔耳圆鼎式盖炉 306
172　方彝式盖炉 308

List of Plates

001　Copper censer with loop handles rising from the rim and mammillate feet, with inscription "Da Ming Xuande nian zhi" 030

002　Copper censer with loop handles rising from the rim and mammillate feet, with inscription "Da Ming Xuande nian zhi" 032

003　Copper censer with loop handles rising from the rim and mammillate feet, with inscription "Da Ming Xuande nian zhi" 034

004　Copper censer with loop handles rising from the rim and mammillate feet, with inscription "Da Ming Xuande nian zhi" 035

005　Copper censer with loop handles rising from the rim and mammillate feet, with inscription "Da Ming Xuande nian zhi" 036

006　Copper censer with loop handles rising from the rim and mammillate feet, with inscription "Da Ming Xuande nian zhi" 037

007　Copper censer with loop handles rising from the rim and mammillate feet, with inscription "Da Ming Xuande nian zhi" 038

008　Copper censer with loop handles rising from the rim and mammillate feet, with inscription "Da Ming Xuande nian zhi" 039

009　Copper censer with loop handles rising from the rim and mammillate feet, with inscription "Da Ming Xuande nian zhi" 040

010　Copper censer with loop handles rising from the rim and mammillate feet, with inscription "Da Ming Xuande nian zhi" 041

011　Copper censer with loop handles rising from the rim and mammillate feet, with inscription "Da Ming Xuande nian zhi" 042

012　Copper censer with loop handles rising from the rim and mammillate feet, with inscription "Da Ming Xuande nian zhi" 044

013　Copper censer with loop handles rising from the rim and mammillate feet, with inscription "Da Ming Xuande nian zhi" 045

014　Copper censer with loop handles rising from the rim and mammillate feet, with inscription "Da Ming Xuande nian zhi" 046

015　Copper censer with loop handles rising from the rim

016　Copper censer with loop handles rising from the rim and mammillate feet, with inscription "Da Ming Xuande nian zhi" 047

016　Copper censer with loop handles rising from the rim and mammillate feet, with inscription "Da Ming Xuande nian zhi" 048

017　Copper censer with loop handles rising from the rim and mammillate feet, with inscription "Da Ming Xuande nian zhi" 049

018　Copper censer with loop handles rising from the rim and mammillate feet, with inscription "Da Ming Xuande nian zhi" 050

019　Copper censer with loop handles rising from the rim and mammillate feet, with inscription "Xuande" 052

020　Copper censer with loop handles rising from the rim and mammillate feet, with inscription "Da Ming Xuande nian zhi" 053

021　Copper censer with loop handles rising from the rim and mammillate feet, with inscription "Da Ming Xuande nian zhi" 054

022　Copper censer with loop handles rising from the rim and mammillate feet, with inscription "Da Ming Xuande nian zhi" 056

023　Copper censer with loop handles rising from the rim and mammillate feet, with inscription "Da Ming Xuande nian zhi" 057

024　Copper censer with loop handles rising from the rim and mammillate feet, with inscription "Da Ming Xuande nian zhi" 058

025　Copper censer with loop handles rising from the rim and mammillate feet, with inscription "Da Ming Xuande nian zhi" 060

026　Copper censer with loop handles rising from the rim and mammillate feet, with inscription "Da Ming Xuande nian zhi" 062

027　Copper censer with loop handles rising from the rim and mammillate feet, with inscription "Da Ming Xuande nian zhi" 064

028　Copper censer with loop handles rising from the rim and mammillate feet, with inscription "Da Ming Xuande nian zhi" 066

029　Copper censer with loop handles rising from the rim and mammillate feet, with inscription "Da Ming Xuande nian zhi" 068

030 Copper censer with loop handles rising from the rim and ridged feet, with inscription "Da Ming Xuande nian zhi".. 069

031 Copper censer with bridge-shaped handles and mammillate feet, with inscription "Da Ming Xuande nian zhi".. 070

032 Copper censer with bridge-shaped handles rising from the rim and mammillate feet, with inscription "Da Ming Xuande nian zhi" 071

033 Copper censer with bridge-shaped handles and mammillate feet, with inscription "Da Ming Xuande nian zhi".. 072

034 Copper censer with bridge-shaped handles and mammillate feet, with inscription "Da Ming Xuande nian zhi".. 073

035 Copper censer with bridge-shaped handles and mammillate feet, with inscription "Da Ming Xuande nian zhi".. 074

036 Copper censer with bridge-shaped handles and mammillate feet, with inscription "Xuande nian zhi".. 075

037 Copper censer with bridge-shaped handles and mammillate feet, with inscription "Da Ming Xuande nian zhi".. 076

038 Copper censer with bridge-shaped handles and mammillate feet, with inscription "Da Ming Xuande nian zhi".. 077

039 Copper censer with bridge-shaped handles and mammillate feet, with inscription "Da Ming Xuande nian zhi".. 078

040 Copper censer with bridge-shaped handles and mammillate feet, with inscription "Da Ming Xuande nian zhi".. 079

041 Copper censer with bridge-shaped handles and mammillate feet, with inscription "Da Ming Xuande nian zhi".. 080

042 Copper censer with bridge-shaped handles and short feet, with inscription "Da Ming Xuande nian zhi" 082

043 Copper censer with bridge-shaped handles and short feet, with inscription "Da Ming Xuande nian zhi" 083

044 Copper censer with *youlong* handles and ringfoot, with inscription "Da Ming Xuande nian zhi".......... 084

045 Copper censer with *youlong* handles and ringfoot,

with inscription "Da Ming Xuande nian zhi".......... 086

046 Copper censer with *youlong* handles and ringfoot, with inscription "Da Ming Xuande nian zhi".......... 088

047 Copper censer with *youlong* handles and ringfoot, with inscription "Da Ming Xuande nian zhi".......... 089

048 Copper censer with *youlong* handles and ringfoot, with inscription "Da Ming Xuande nian zhi".......... 090

049 Copper censer with *youlong* handles and ringfoot, with inscription "Da Ming Xuande nian zhi".......... 092

050 Copper censer with *youlong* handles and ringfoot, with inscription "Da Ming Xuande nian zhi".......... 093

051 Copper censer with *youlong* handles and ringfoot, with inscription "Da Ming Xuande nian zhi".......... 094

052 Copper censer with *youlong* handles and ringfoot, with inscription "Da Ming Xuande nian zhi".......... 096

053 Copper censer with *youlong* handles and ringfoot, with inscription "Xuande nian zhi"........................ 097

054 Copper censer with fish-shaped handles and ringfoot, with inscription "Da Ming Xuande nian zhi".......... 098

055 Copper censer with fish-shaped handles and ringfoot, with inscription "Da Ming Xuande nian zhi".......... 100

056 Copper censer with fish-shaped handles and ringfoot, with inscription "Da Ming Xuande nian zhi".......... 102

057 Copper censer with fish-shaped handles and ringfoot, with inscription "Da Ming Xuande nian zhi".......... 104

058 Copper censer with fish-shaped handles and ringfoot, with inscription "Da Ming Xuande nian zhi".......... 106

059 Copper censer with fish-shaped handles and ringfoot, with inscription "Da Ming Xuande nian zhi".......... 108

060 Copper censer with fish-shaped handles and ringfoot, with inscription "Da Ming Xuande nian zhi".......... 110

061 Copper censer with fish-shaped handles and ringfoot, with inscription "Da Ming Xuande nian zhi".......... 112

062 Copper censer with fish-shaped handles and ringfoot, with inscription "Da Ming Xuande nian zhi".......... 113

063 Copper censer with halberd-shaped handles and ringfoot, with inscription "Xuande nian zhi"........................ 114

064 Copper censer with halberd-shaped handles and ringfoot, with inscription "Da Ming Xuande nian zhi" 115

065 Copper censer with halberd-shaped handles and ringfoot, with inscription "Da Ming Xuande nian zhi".......... 116

066 Copper *li* (cooking vessel)-shaped censer with inscription "Da Ming Xuande nian zhi".................................... 117

067 Copper *li*-shaped censer with inscription "Da Ming Xuande nian zhi" 118

068 Copper *li*-shaped censer with inscription "Da Ming Xuande nian zhi" 120

069 Copper *li*-shaped censer with inscription "Xuande nian zhi" 121

070 Copper *li*-shaped censer with inscription "Xuande nian zhi" 122

071 Copper *li*-shaped censer with inscription "Da Ming Xuande nian zhi" 124

072 Copper *li*-shaped censer with inscription "Xuande nian zhi" 125

073 Copper censer with right-angle handles and mammillate feet, with inscription "Da Ming Xuande nian zhi" 126

074 Copper *yajing* censer with short feet, with inscription "Da Ming Xuande nian zhi" 128

075 Copper *yajing* censer with short feet, with inscription "Da Ming Xuande nian zhi" 130

076 Copper censer with lion-shaped handles and ringfoot, with inscription "Da Ming Xuande nian zhi" 131

077 Copper censer with lion-shaped handles and ringfoot, with inscription "Da Ming Xuande nian zhi" 132

078 Copper censer with lion-shaped handles and ringfoot, with inscription "Da Ming Xuande nian zhi" 134

079 Copper censer with lion-shaped handles and ringfoot, with inscription "Da Ming Xuande nian zhi" 135

080 Copper censer with lion-shaped handles and ringfoot, with inscription "Da Ming Xuande nian zhi" 136

081 Copper censer with lion-shaped handles and ringfoot, with inscription "Da Ming Xuande nian zhi" 138

082 Copper censer with lion-shaped handles and animal-shaped feet, with inscription "Da Ming Xuande nian zhi" 140

083 Copper rectangular lidded censer with lion-shaped handles holding rings in the mouths and ringfoot, with inscription "Da Ming Xuande nian zhi" 142

084 Copper rectangular lidded censer with animal-shaped handles holding rings in the mouths and ring foot, with inscription "Da Ming Xuande nian zhi" 148

085 Copper begonia-shaped lidded censer with lion-shaped handles holding rings in the mouths, with inscription "Da Ming Xuande nian zhi" 150

086 Copper rectangular censer with lion-shaped handles and animal-shaped feet, with inscription "Da Ming Xuande nian zhi" 156

087 Copper censer with lion-shaped handles and columnar feet, with inscription "Da Ming Xuande nian zhi" 160

088 Copper begonia-shaped lidded censer with dragon-shaped handles and four feet, with inscription "Da Ming Xuande nian zhi" 162

089 Copper rectangular copper censer with *kui*-phoenix-shaped handles, with inscription "Xuande nian zhi" 164

090 Copper rectangular copper censer with *kui*-phoenix-shaped handles, with inscription "Da Ming Xuande nian zhi" 166

091 Copper censer with elephant-shaped handles and feet, with inscription "Da Ming Xuande nian zhi" 168

092 Copper lidded censer with elephant-shaped handles and feet, with inscription "Da Ming Xuande nian zhi" .. 170

093 Copper censer with elephant-shaped handles and ringfoot, with inscription "Da Ming Xuande nian zhi" 172

094 Copper censer with animal-shaped handles and ringfoot, with inscription "Da Ming Xuande nian zhi" 174

095 Copper censer with court-hat-shaped handles and animal-shaped feet, with inscription "Da Ming Xuande nian zhi" 176

096 Copper censer with court-hat-shaped handles and animal-shaped feet, with inscription "Da Ming Xuande nian zhi" 177

097 Copper censer with court-hat-shaped handles and animal-shaped feet, with inscription "Da Ming Xuande nian zhi" 178

098 Copper *ding* (cooking vessel)-shaped round lidded censer with inscription "Da Ming Xuande nian zhi" 179

099 Copper *ding*-shaped round censer with inscription "Da Ming Xuande nian zhi" 180

100 Copper *ding*-shaped round censer with inscription "Xuande nian zhi" 182

101 Copper *ding*-shaped censer with rope-shaped handles, with inscription "Xuande nian zhi" 184

102 Copper *ding*-shaped round censer with inscription "Da Ming Xuande nian zhi" 186

103 Copper *liang* (grain measure)-shaped censer with inscription "Da Ming Xuande nian zhi" 188

104 Copper *gui* (grain receptacle)-shaped censer with inscription "Da Ming Xuande nian zhi" 189

105　Copper censer with phoenix-shaped handles and ringfoot, with inscription "Da Ming Xuande nian zhi" 190

106　Copper censer with phoenix-shaped handles and ringfoot, with inscription "Da Ming Xuande nian zhi" 192

107　Copper barrel-shaped censer with inscription "Da Ming Xuande nian zhi" 194

108　Copper cylindrical censer with inscription "Da Ming Xuande nian zhi" 196

109　Copper cylindrical censer with inscription "Xuande nian zhi" 198

110　Copper cylindrical censer with inscription "Da Ming Xuande nian zhi" 200

111　Copper censer with animal-shaped handles and cloud-shaped feet, with inscription "Da Ming Xuande nian zhi" 202

112　Copper alms-bowl-shaped censer with inscription "Xuande nian zhi" 204

113　Copper alms-bowl-shaped censer with inscription "Xuande nian zhi" 205

114　Copper alms-bowl-shaped censer with inscription "Xuande nian zhi" 206

115　Copper alms-bowl-shaped censer with inscription "Da Ming Xuande nian zhi" 207

116　Copper alms-bowl-shaped censer with inscription "Xuande nian zhi" 208

117　Copper alms-bowl-shaped censer with animal-shaped handles holding rings in the mouths, with inscription "Da Ming Xuande nian zhi" 209

118　Copper dou (grain measure)-shaped square censer with butterfly-shaped handles, with inscription "Da Ming Xuande nian zhi" 210

119　Copper table-shaped censer with youlong handles, with inscription "Da Ming Xuande nian zhi" 212

120　Copper pomegranate-shaped censer with inscription "Da Ming Xuande nian zhi" 214

121　Copper vase with three goats, with inscription "Da Ming Xuande nian zhi" 216

122　Copper zun (wine vessel) with dragon-shaped handles and animal-shaped feet, with inscription "Xuande nian zhi" 218

123　Copper pot with inscription "Da Ming Xuande nian zhi" 222

124　Copper pot with pushou handles, with inscription

"Da Ming Xuande nian zhi" 223

125　Copper jar with inscription "Da Ming Xuande nian zhi" 224

126　Copper water-chestnut-shaped plate with inscription "Da Ming Xuande nian zhi" 225

127　Copper censer with court-hat-shaped handles and animal-shaped feet, with inscription "Da Ming Jiajing Renyin nian zhi" 226

128　Copper censer with court-hat-shaped handles and animal-shaped feet, with inscription "Da Ming Jiajing Renyin nian zhi" 228

129　Copper censer with loop handles rising from the rim and mammillate feet, with inscription "Da Ming Chongzhen nian zhi" 230

130　Copper censer with halberd-shaped handles and ringfoot, with inscription "Kangxi nian zhi" 231

131　Copper censer with halberd-shaped handles and ringfoot, with inscription "Da Qing Kangxi nian zhi" 232

132　Copper censer with loop handles rising from the rim and mammillate feet, with inscription "Da Qing Yongzheng nian zhi" 233

133　Copper handleless censer with animal-shaped feet, with inscription "Da Qing Yongzheng nian zhi" 234

134　Copper ding-shaped round lidded censer with cloud-shaped handles, with inscription "Da Qing Yongzheng nian zhi" 236

135　Copper table-shaped censer with youlong handles, with inscription "Da Qing Yongzheng nian zhi" 238

136　Copper censer with loop handles rising from the rim and mammillate feet, with inscription "Da Qing Qianlong nian zhi" 242

137　Copper censer with bridge-shaped handles rising from the rim and mammillate feet, with inscription "Da Qing Qianlong nian zhi" 243

138　Copper censer with youlong handles and ringfoot, with inscription "Da Qing Qianlong nian zhi" 244

139　Copper ding-shaped rectangular censer with inscription "Da Qing Qianlong nian zhi" 246

140　Copper boshan censer with inscription "Qianlong nian zhi" 248

141　Copper square vase with four ridges, with inscription "Da Qing Qianlong nian zhi" 250

142　Copper vase with phoenix-shaped handles, with

inscription "Da Qing Qianlong nian zhi" 252

143　Copper censer with court-hat-shaped handles and animal- shaped feet, with inscription "Da Qing Jiaqing nian zao" 256

144　Copper censer with court-hat-shaped handles and animal-shaped feet, with inscription "Da Qing Jiaqing nian zao" 258

145　Copper censer with *youlong* handles and ringfoot, with inscription "Nei tan jiao she".................................. 260

146　Copper censer with *youlong* handles and ringfoot, with inscription "Nei tan jiao she".................................. 262

147　Copper censer with loop handles rising from the rim and mammillate feet, with inscription "Qun mi cao tang" 264

148　Copper censer with loop handles rising from the rim and mammillate feet, with inscription "Wu Bangzuo jian zhi"... 266

149　Copper censer with *youlong* handles and ringfoot, with inscription "Wu Bangzuo zao" 268

150　Copper censer with lion-shaped handles and ringfoot, with inscription "Wu Bangzuo zao" 269

151　Copper censer with lion-shaped handles and ringfoot, with inscription "Wu Bangzuo zao" 270

152　Copper censer with bridge-shaped handles and mammillate feet, with inscription "Wu Bangzuo zao" 271

153　Copper censer with bridge-shaped handles and mammillate feet, with inscription "Wu Bangzuo jian zao" 272

154　Copper censer with bridge-shaped handles and mammillate feet, with inscription "Wu Bangzuo zao" 274

155　Copper censer with bridge-shaped handles and mammillate feet, with inscription "Wu Bangzuo zao" 275

156　Copper censer with rope-shaped handles and animal-shaped feet, with inscription "Wu Bangzuo zao"..... 276

157　Copper censer with loop handles rising from the rim and mammillate feet, with inscription "xingyouheng tang zhi" 278

158　Copper censer with lion-shaped handles and ringfoot, with inscription "Wan nian yong bao" 280

159　Copper censer with loop handles rising from the rim and mammillate feet, with inscription "Yu tang qing wan"... 284

160　Copper censer with loop handles rising from the rim and mammillate feet, with inscription "Yu tang qing wan"... 286

161　Copper li-shaped censer with inscription "Yu tang qing wan" 287

162　Copper censer with bridge-shaped handles and mammillate feet, with inscription "Shen shi jia cang" 288

163　Copper censer with *youlong* handles and ringfoot, with inscription "Liushi Yichuan jia cang"............. 290

164　Copper censer with *youlong* handles and ringfoot, with inscription "Bage fang xuan" 291

165　Copper zun-shaped censer inlaid with silver, with inscription "Song jun zun yong bao yong" 292

166　Copper censer with lion-shaped handles and ringfoot, with inscription "Xingweng qingwan" 296

167　Copper li-shaped censer with inscription "Qin shu lü" ... 298

168　Copper censer with kui-shaped handles and ringfoot, with inscription "Yue you qin ju" 300

169　Copper censer with loop handles rising from the rim and mammillate feet 302

170　Copper gui-shaped censer with inlaid silver and animal-shaped handles 304

171　Copper *ding*-shaped round lidded censer with kui-shaped handles 306

172　Copper rectangular yi-shaped lidded censer with animal-shaped handles and cloud-shaped feet........ 308

图 版

PLATES

001

大明宣德年制款冲耳乳足炉

明宣德

高 11.2 厘米　口径 14.3 厘米　重 0.826 千克
含锌均值 12.15%。内底含金 1.9%。耳部含银 0.01%。
腹部含银 0.02%。

清宫旧藏

Copper censer with loop handles rising from
the rim and mammillate feet, with inscription
"Da Ming Xuande nian zhi"
Xuande period (1426-1435) of the Ming dynasty
Height 11.2 cm, mouth diameter 14.3 cm, weight 0.826 kg
Average content of zinc 12.15%. Pedestal: gold 1.9%. Handles:
silver 0.01%. Belly: silver 0.02%.
Originally collected in the Qing Palace

圆形。口外侈，收颈，鼓腹，下腹圜收，三乳足渐起自器外底。口沿上左右各立一冲天耳。器外底有减地阳文3列6字楷书"大明宣德年制"。铸款，款极精，无刀修痕迹。"德"字无一横。

减地阳文是指把款识笔画周围挖下去，以使铭款笔道相对凸起的一种铭款方式。宣铜器的铭款绝大多数都属于这种情况。

冲耳乳足炉在宣铜器中是最常见的器形，数量也最多。冲耳必对应三乳足，这是故字号（清宫旧藏）宣铜器的特点。在这里特意点出来，是因为新字号（非清宫旧藏）宣铜器有例外。宣铜器造型多按照古代青铜器和各名窑瓷器造型典雅者为铸造蓝本。冲耳乳足炉造型，是以宋瓷中哥窑的双耳三足炉为蓝本铸造的。

从沈度楷书《谦益斋铭》《敬斋箴册》及《四箴页》之"视箴""言箴"辑字比较，就书法特征来看，本器铭款确实非常接近沈度的风格。字中牵丝搭笔，显得十分自然，其落笔、收笔、撇捺、转折、勾挑处，颇具沈度笔意。可谓法度谨严，点画巧妙，转折分明，提按清楚，结构方正，体量匀称，线条轻重及粗细变化也无二致。

本器与瞿昙寺宣德铜瓶的含锌量比完全在一个区间。可见除了其铭款与沈度书法之关系外，检测结果也再次印证了这样一种可能，即本器与瞿昙寺铜瓶完全是一个时代的产物。

备注：翻字一二〇号*。

* 这种是清室善后委员会接收宫中文物时所编千字文号，数字前面的字代表这件文物在宫廷里原本的安置地点。原样多使用繁体字，本书统一为简体字，后同。

附图：沈度法书辑字款与铸款重叠对比图

002

大明宣德年制款冲耳乳足炉

明崇祯
高 6.7 厘米　口径 10.6 厘米　重 0.544 千克
含锌均值 2.01%，含金 0.3%。耳、腹、底部含银 0.01%。
底座含锌 17.73%，锑 0.04%。
清宫旧藏

Copper censer with loop handles rising from
the rim and mammillate feet, with inscription
"Da Ming Xuande nian zhi"
Chongzhen period (1628-1644) of the Ming dynasty
Height 6.7 cm, mouth diameter 10.6 cm, weight 0.544 kg
Average content of zinc 2.01%, gold 0.3%. Handles, belly and
bottom: silver 0.01%. Pedestal: zinc 17.73%,
antimony 0.04%.
Originally collected in the Qing Palace

　　圆形，口外侈，收颈，鼓腹，下腹圜收，三乳足。口沿上左右两边起冲耳。器表经过精心打磨，呈现栗壳色皮色。器外底有减地阳文3列6字楷书"大明宣德年制"，"德"字无一横。字体雄浑，有魏碑风范。铸款精致，蜡模上起笔收笔处的切修痕迹也得到了再现。附云足铜座。

　　1977年10月经杨伯达先生鉴定为崇祯年仿制，含锌均值也证明了这一点。

　　备注：留平58449*

*　"留平"为故宫博物院前身古物陈列所留平文物，是来自沈阳故宫博物院和承德避暑山庄的文物。

大明宣德年制款冲耳乳足炉
清中早期
高 6.5 厘米　口径 8.8 厘米　重 0.239 千克
含锌均值 9.54%。
清宫旧藏

Copper censer with loop handles rising from
the rim and mammillate feet, with inscription
"Da Ming Xuande nian zhi"
Early and middle Qing dynasty
Height 6.5 cm, mouth diameter 8.8 cm, weight 0.239 kg
Average content of zinc 9.54%.
Originally collected in the Qing Palace

圆形，造型敦厚稳重。器外底有减地阳文
3列6字楷书"大明宣德年制"。铸款，有刀修痕，
字体好，极似沈度体，唯"大"字的一捺稍短，可
看出是铸造缺陷所致。
备注：留平58202。

大明宣德年制款冲耳乳足炉

清中早期

通高 17.8 厘米　口径 20 厘米　重 2.780 千克
含锌均值 7.39%。底座含锌 17.86%。
清宫旧藏

Copper censer with loop handles rising from
the rim and mammillate feet, with inscription
"Da Ming Xuande nian zhi"

Early and middle Qing dynasty
Overall height 17.8 cm, mouth diameter 20 cm, weight 2.780 kg
Average content of zinc 7.39%. Pedestal: zinc 17.86%.
Originally collected in the Qing Palace

圆形,光素。器外底有减地阳文3列6字楷
书"大明宣德年制"。铸款,字形结构有清代榜
书特点,但是笔画不够粗壮,显得精细有力。铸
造极精,眼观、手感均细腻滋润。附云足铜座。

　　备注:珠字一七九号,原藏皇极殿正殿或
西庑、南庑。

005

大明宣德年制款冲耳乳足炉
清中早期
高 7.7 厘米　口径 11.8 厘米　重 1.384 千克
含锌均值 8.75%。
清宫旧藏

Copper censer with loop handles rising from
the rim and mammillate feet, with inscription
"Da Ming Xuande nian zhi"
Early and middle Qing dynasty
Height 7.7 cm, mouth diameter 11.8 cm, weight 1.384 kg
Average content of zinc 8.75%.
Originally collected in the Qing Palace

圆形。栗壳色皮色。器外底有减地阳文3列
6字楷书"大明宣德年制"。铸款，字体具有典型
清代榜书风格。

此炉铸造密实，沉重压手，较之相同大小
的他器重达两倍以上。

备注：丽七九四号，原藏古董房。

006

大明宣德年制款冲耳乳足炉

清中期
高 11 厘米　口径 14.3 厘米　重 0.969 千克
含锌均值 19.04%，锑 0.05%。
清宫旧藏

Copper censer with loop handles rising from
the rim and mammillate feet, with inscription
"Da Ming Xuande nian zhi"
Middle Qing dynasty
Height 11 cm, mouth diameter 14.3 cm, weight 0.969 kg
Average content of zinc 19.04%, antimony 0.05%.
Originally collected in the Qing Palace

圆形，光素。器外底有减地阳文3列6字楷书"大明宣德年制"。铸款，字体笔道虽略显纤细，但间架结构大气，有着清代榜书的明显特点，加之是刻款，当为清代无疑。从锌含量来看，嘉庆时期的可能性较大。

备注：留平58217。

大明宣德年制款冲耳乳足炉

清中期

高 10.7 厘米　口径 14.3 厘米　重 1.337 千克

含锌均值 14.51%。腹部含银 0.06%，锑 0.02%。

清宫旧藏

———

Copper censer with loop handles rising from the rim and mammillate feet, with inscription "Da Ming Xuande nian zhi"

Middle Qing dynasty

Height 10.7 cm, mouth diameter 14.3 cm, weight 1.337 kg

Average content of zinc 14.51%. Belly: silver 0.06%, antimony 0.02%.

Originally collected in the Qing Palace

圆形，乳足底较平。器表对称装饰片金。器外底有减地阳文 3 列 6 字楷书"大明宣德年制"。铸款，字体秀气，笔道细弱，转折或收笔处修饰痕迹明显，但此为蜡模上用刀雕修的痕迹，而非刻铜痕。

宣德年款的冲耳乳足炉大多是光素无纹的，个别器物以金作装饰，如此例。

备注：咸字五一〇号，原藏寿皇殿。

008

大明宣德年制款冲耳乳足炉
清中期
高 6.1 厘米　口径 9 厘米　重 0.592 千克
含锌均值 12.52%，含锑均值 0.07%。
清宫旧藏

Copper censer with loop handles rising from
the rim and mammillate feet, with inscription
"Da Ming Xuande nian zhi"
Middle Qing dynasty
Height 6.1 cm, mouth diameter 9 cm, weight 0.592 kg
Average content: zinc 12.52%, antimony 0.07%.
Originally collected in the Qing Palace

扁圆形，厚重。器外底有减地阳文 3 列 6 字
楷书"大明宣德年制"。铸款，字体与众不同，为
典型的仿宋体。足部有刮削痕。
　　备注：留平58152。

009

大明宣德年制款冲耳乳足炉

清中期

高 8 厘米　口径 10.2 厘米　重 0.544 千克

含锌均值 13.38%。

清宫旧藏

―――

Copper censer with loop handles rising from
the rim and mammillate feet, with inscription
"Da Ming Xuande nian zhi"

Middle Qing dynasty

Height 8 cm, mouth diameter 10.2 cm, weight 0.544 kg

Average content of zinc 13.38%.

Originally collected in the Qing Palace

圆形，造型端正。器外底有减地阳文3列6
字楷书"大明宣德年制"。铸款，"宣"字结构大
气，有清代榜书感觉，但笔画纤细，因而整个字
显得松散，其他字形接近沈度字体，但笔道呆
板，缺少变化。

备注：留平58236。

010

大明宣德年制款冲耳乳足炉

清中期
高 6.7 厘米　口径 8.6 厘米　重 0.255 千克
含锌均值 19.63%。
清宫旧藏

———

Copper censer with loop handles rising from
the rim and mammillate feet, with inscription
"Da Ming Xuande nian zhi"
Middle Qing dynasty
Height 6.7 cm, mouth diameter 8.6 cm, weight 0.255 kg
Average content of zinc 19.63%.
Originally collected in the Qing Palace

圆形，饰点金。器外底有减地阳文3列6字楷书"大明宣德年制"。铸款，有蜡模上的切修痕。

点金、片金装饰最初出现在铜炉上是为了遮掩铸造缺陷，如沙眼、气眼等。本器金饰局部有脱落，隐约可以看到金饰掩盖下的铸造瑕疵。

备注：祥字八四号，原藏咸福宫。

011

大明宣德年制款冲耳乳足炉

清中期

通高 22.2 厘米　口径 14.2 厘米　重 0.999 千克
含锌均值 19.79%，含金 1.7%。耳部含锑均值 0.01%。
盖含锌均值 4.41%，含银均值 0.67%，含锑均值 0.19%。
清宫旧藏

Copper censer with loop handles rising from the
rim and mammillate feet, with inscription "Da
Ming Xuande nian zhi"

Middle Qing dynasty

Overall height 22.2 cm, mouth diameter 14.2 cm, weight 0.999 kg
Average content of zinc 19.79%, gold 1.7%. Handles (average
content): antimony 0.01%. Lid (average content): zinc 4.41%,
silver 0.67%, antimony 0.19%.
Originally collected in the Qing Palace

圆形，口沿略外侈，收颈，鼓腹，三乳足。口沿上左右两边起冲耳。盖鎏金，盖钮顶端镂空寿字，钮盖间饰仰俯莲纹，钮身和盖面饰镂空宝相花纹，盖外沿饰一周回纹。器外底有减地阳文3列6字楷书"大明宣德年制"。铸款。

皮色老旧。皮色下的器表隐约高低不平，似有铜水流动痕迹，这是铸造时铜液冷却收缩不匀留下的痕迹。铸后器表也未完全磨光，形成一种独特效果，此种现象在宫中旧藏宣铜器中并非个例。

附有配件炉瓦、锡质拔火套和鎏金铜盖，除燃香外，可使人领略蓄火养炉的另一番境地。香炉的应用除其本身外，尚有一些配件以强化其作用。如上述的炉瓦、拔火套分别起到隔火和助火的作用。

备注：余字九三号⁵/₁，原藏敦本殿或航庆宫。

古物館號籤

LB4/54 5/

餘九三號

012

大明宣德年制款冲耳乳足炉
清中期

通高 9.5 厘米　口径 9.1 厘米　重 0.766 千克
含锌均值 16.49%，含银 0.01%，含锑均值 0.08%。
底座含银 0.02%，含锑 0.01%。
清宫旧藏

Copper censer with loop handles rising from the rim and mammillate feet, with inscription "Da Ming Xuande nian zhi"
Middle Qing dynasty
Overall height 9.5 cm, mouth diameter 9.1 cm, weight 0.766 kg
Average content of zinc 16.49%, silver 0.01%, average content of antimony 0.08%. Pedestal: silver 0.02%, antimony 0.01%.
Originally collected in the Qing Palace

圆形。栗壳色皮色。器外底有减地阳文3列6字楷书"大明宣德年制"。铸款。三足下有铜钉连座，附云足铜座。

附有铜座，这本不新鲜，但三足下有铜钉与座相连，非常少见。其目的无非是为了增强铜炉使用时的稳定性，同时器、座也不易失群。这种情况从逻辑上分析应该出现在经常挪动使用的铜炉上，但该器档案记录其原存九龙壁四库，以致没有老号，早先在宫中何处使用也无从查起。同样情况如下例。

此器因炉座相连，从保护文物原状的角度出发，不宜拆卸，故底款照片没有拍到。

备注：无老号，原藏九龙壁四库。

013

大明宣德年制款冲耳乳足炉

清中期
通高 9 厘米　口径 9.1 厘米　重 0.857 千克
含锌均值 12.21%。
清宫旧藏

Copper censer with loop handles rising from
the rim and mammillate feet, with inscription
"Da Ming Xuande nian zhi"
Middle Qing dynasty
Overall height 9 cm, mouth diameter 9.1 cm, weight 0.857 kg
Average content of zinc 12.21%.
Originally collected in the Qing Palace

圆形。棠梨色皮色。器外底有减地阳文3列
6字楷书"大明宣德年制"。铸款。三足下有铜钉
连座，附云足铜座。

备注：无老号，原藏九龙壁四库。

014

大明宣德年制款冲耳乳足炉
清中期
高 6.5 厘米　口径 8.5 厘米　重 0.247 千克
含锌均值 13.5%，含锑均值 0.06%。腹部含银 0.03%。
清宫旧藏

Copper censer with loop handles rising from
the rim and mammillate feet, with inscription
"Da Ming Xuande nian zhi"
Middle Qing dynasty
Height 6.5 cm, mouth diameter 8.5 cm, weight 0.247 kg
Average content: zinc 13.5%, antimony 0.06%. Belly: silver
0.03%.
Originally collected in the Qing Palace

圆形。铜本色。器外底有减地阳文 3 列 6 字
楷书"大明宣德年制"。铸款，不精。
　　备注：列字一四九号，原藏端凝殿左右屋中。

015

大明宣德年制款冲耳乳足炉

清中期
高 6.9 厘米　口径 8.7 厘米　重 0.276 千克
含锌均值 17.37%。
清宫旧藏

Copper censer with loop handles rising from
the rim and mammillate feet, with inscription
"Da Ming Xuande nian zhi"
Middle Qing dynasty
Height 6.9 cm, mouth diameter 8.7 cm, weight 0.276 kg
Average content of zinc 17.37%.
Originally collected in the Qing Palace

器形圆润可爱。铜本色。器外底有减地阳文
3列6字楷书"大明宣德年制"。铸款，精致无比。
备注：列字一四九号，原藏端凝殿左右屋中。

016

大明宣德年制款冲耳乳足炉
清中期
高 7.7 厘米　口径 11.1 厘米　重 0.943 千克
含锌均值 17.97%，含锑均值 0.09%。
清宫旧藏

Copper censer with loop handles rising from
the rim and mammillate feet, with inscription
"Da Ming Xuande nian zhi"
Middle Qing dynasty
Height 7.7 cm, mouth diameter 11.1 cm, weight 0.943 kg
Average content: zinc 17.97%, antimony 0.09%.
Originally collected in the Qing Palace

圆形，乳足较高，略呈锥状。器外底有减地
阳文3列6字楷书"大明宣德年制"。款周边锈层
过厚，已经看不出是铸款还是刻款，只能勉强
分辨出字形。

备注：度字二三八号，原藏太极殿。

017

大明宣德年制款冲耳乳足炉
清中期
高 4.3 厘米　口径 4.9 厘米　重 0.094 千克
含锌均值 14.18%，含锑均值 0.04%。耳部含银 0.01%。
清宫旧藏

Copper censer with loop handles rising from
the rim and mammillate feet, with inscription
"Da Ming Xuande nian zhi"
Middle Qing dynasty
Height 4.3 cm, mouth diameter 4.9 cm, weight 0.094 kg
Average content: zinc 14.18%, antimony 0.04%. Handles:
silver 0.01%.
Originally collected in the Qing Palace

圆形，器形小。铜本色。器外底有减地阳文
3列6字楷书"大明宣德年制"。器身和铸款皆不
精，甚至翻砂时留下的残沙粒也未清除。

备注：溢字一二八号，原藏养心殿。

018

大明宣德年制款冲耳乳足炉

清中期

高 6.7 厘米　口径 8 厘米　重 0.313 千克

含锌均值 19.36%，锑 0.01%。

清宫旧藏

Copper censer with loop handles rising from
the rim and mammillate feet, with inscription
"Da Ming Xuande nian zhi"

Middle Qing dynasty

Height 6.7 cm, mouth diameter 8 cm, weight 0.313 kg

Average content of zinc 19.36%, antimony 0.01%.

Originally collected in the Qing Palace

圆形，耳、口、腹均有凸棱作装饰。器外
底有减地阳文3列6字楷书"大明宣德年制"。铸
款，刀修痕迹明显。附彩漆瓶、盒。

备注：留平58436。

宣德款冲耳乳足炉

清中期
高 7 厘米　口径 8.9 厘米　重 0.305 千克
含锌均值 19.64%，锑 0.03%。
清宫旧藏

Copper censer with loop handles rising from
the rim and mammillate feet, with inscription
"Xuande"

Middle Qing dynasty
Height 7 cm, mouth diameter 8.9 cm, weight 0.305 kg
Average content of zinc 19.64%, antimony 0.03%.
Originally collected in the Qing Palace

圆形，器形小。栗壳色皮色。器外底有减地
阳文1列2字楷书"宣德"。铸款，修饰痕迹明显，
字体沧桑，极有韵味。
　　备注：留平58270。

020

大明宣德年制款冲耳乳足炉

清中期
高 8.5 厘米　口径 11.2 厘米　重 0.596 千克
含锌均值 21.18%。红色部分含锌 6.76%。
1958年收购

Copper censer with loop handles rising from
the rim and mammillate feet, with inscription
"Da Ming Xuande nian zhi"

Middle Qing dynasty
Height 8.5 cm, mouth diameter 11.2 cm, weight 0.596 kg
Average content of zinc 21.18%. The red part: zinc 6.76%.
Purchased in 1958

圆形, 冲耳, 乳足。枣皮色斑。器外底有减
地阳文3列6字楷书"大明宣德年制"。铸款, 字
体好。器表有收缩痕, 打磨未尽。

大明宣德年制款冲耳乳足炉

清嘉庆
高18厘米 口径22.5厘米 重3.259千克
含锌均值15.18%，含锑均值0.07%。底座含锌均值22.29%。
清宫旧藏

Copper censer with loop handles rising from
the rim and mammillate feet, with inscription
"Da Ming Xuande nian zhi"
Jiaqing period (1796-1820) of the Qing dynasty
Height 18 cm, mouth diameter 22.5 cm, weight 3.259 kg
Average content: zinc 15.18%, antimony 0.07%. Pedestal
(average content): zinc 22.29%.
Originally collected in the Qing Palace

圆形，口外侈，收颈，鼓腹，腹圆收，三乳足渐起自器外底。口沿上左右各立一冲天耳。铜本色。器外底有减地阳文3列6字楷书"大明宣德年制"。铸款。附铜座。

附黄条："嘉庆四年正月初六日收梁进忠交古铜炉一件（铜座）。"黄条是过去宫廷里系在器物上的黄色纸条，通常记载该物的来源、安置地点等事项。附有黄条的宣铜器通常是造办处或外省专门为皇帝制造的，虽然黄条反映的内容不是当日的铸造时间，而是"收进"时间，但可为断代参考，说明实物至少不晚于黄条时期。从宣铜器的黄条内容来看，嘉庆朝的相关内容较多，如"嘉庆十年十二月初四日收""嘉庆十三年五月二十六日收铜炉一件，寿意"。清宫旧藏大明宣德年制款铜炉中此件为目前所知最早有明确纪年者。

备注：阙字五〇九－30号，原藏寿安宫。

大明宣德年制款冲耳乳足炉

清中晚期

高 8.4 厘米　口径 11 厘米　重 0.586 千克

含锌均值 29.67%。

清宫旧藏

———

Copper censer with loop handles rising from
the rim and mammillate feet, with inscription
"Da Ming Xuande nian zhi"

Middle and late Qing dynasty

Height 8.4 cm, mouth diameter 11 cm, weight 0.586 kg

Average content of zinc 29.67%.

Originally collected in the Qing Palace

圆形。铜本色。器外底有减地阳文3列6字
楷书"大明宣德年制"。铸款，较精，无刀修痕，
惜"德"字的一撇被气眼毁掉了。

本器最引人注目的是它自带火光的颜色，
好似膛内燃烧正旺的炭火映透了炉壁，令人感
觉到了炙热的温度，不敢触碰。

备注：剑字五六号，原藏乐寿堂。

023

大明宣德年制款冲耳乳足炉
清中晚期
高 8.4 厘米　口径 11.7 厘米　重 0.692 千克
含锌均值 29.68%。
清宫旧藏

Copper censer with loop handles rising from
the rim and mammillate feet, with inscription
"Da Ming Xuande nian zhi"
Middle and late Qing dynasty
Height 8.4 cm, mouth diameter 11.7 cm, weight 0.692 kg
Average content of zinc 29.68%.
Originally collected in the Qing Palace

圆形。铜本色。铸造精，未上过皮色。器外
底有减地阳文3列6字楷书"大明宣德年制"。铸
款，很精，明显仿沈度字体，但是笔画过于圆
润，缺少苍劲，这是这个时期的款识特点。

备注：秋字四六—12号，原藏钦安殿。

大明宣德年制款冲耳乳足炉

清中晚期
高 11.5 厘米　口径 14.5 厘米　重 0.880 千克
含锌均值 22.29%。外底部含银 0.02%。
清宫旧藏

Copper censer with loop handles rising from
the rim and mammillate feet, with inscription
"Da Ming Xuande nian zhi"

Middle and late Qing dynasty
Height 11.5 cm, mouth diameter 14.5 cm, weight 0.880 kg
Average content of zinc 22.29%. The outer bottom: silver
0.02%.
Originally collected in the Qing Palace

圆形。光素。原皮色为枣皮红色，局部有磨脱。器外底有减地阳文3列6字楷书"大明宣德年制"。铸款。从含锌均值分析，应为清代嘉庆以后之器。

此器为宣德炉中最常见的造型。器形周正、秀雅、古朴。经过历年的岁月累积，包浆极其厚实坚固。无丝毫浇铸范缝、焊疤，应为传承古老的失蜡法铸造。器的表面有冰裂纹，是铸造时未及完全冷却，连带范具急速入冷水造成的。

备注：留平58239。

025

大明宣德年制款冲耳乳足炉

清中晚期
高7厘米　口径9厘米　重0.333千克
含锌均值27.42%。耳部含银0.01%。
清宫旧藏

Copper censer with loop handles rising from
the rim and mammillate feet, with inscription
"Da Ming Xuande nian zhi"

Middle and late Qing dynasty
Height 7 cm, mouth diameter 9 cm, weight 0.333 kg
Average content of zinc 27.42%. Handles: silver 0.01%.
Originally collected in the Qing Palace

圆形。器外底有减地阳文3列6字楷书"大明宣德年制"。铸款，后修痕迹明显。采用熟斑铜工艺铸造，金花大小相间，分布均匀。炉体稍转，历史灰尘掩映下的表面会呈现出神奇闪烁光芒，金色斑花外观亦随之变化，奇妙无比。

附木瓶、黄料盒，盒底款为"乾隆年制"。炉可以单独使用，也可以和瓶、盒配套使用，所以瓶、盒在使用过程中会有后配的情况发生，因之盒底的年款不应作为炉的时代依据。

备注：留平58433。

026

大明宣德年制款冲耳乳足炉
清中晚期
通高 10 厘米　口径 9.7 厘米　重 0.522 千克
含锌均值 25.96%，含锑均值 0.02%。耳部含银 0.02%。
底部含银 0.03%。
清宫旧藏

Copper censer with loop handles rising from the
rim and mammillate feet, with inscription "Da
Ming Xuande nian zhi"
Middle and late Qing dynasty
Overall height 10 cm, mouth diameter 9.7 cm, weight 0.522 kg
Average content: zinc 25.96%, antimony 0.02%. Handles: silver
0.02%. Bottom: silver 0.03%.
Originally collected in the Qing Palace

圆形。口下饰有金片，几经岁月，脱落殆
尽。器外底有减地阳文3列6字楷书"大明宣德
年制"。铸款。

器表有冰裂纹，是出炉时带着范壳急速冷
却造成的。附云足铜座。

备注：吕字三八五七3－$^2/_3$号，原藏养心殿。

027

大明宣德年制款冲耳乳足炉

清中晚期
高 9 厘米　口径 12.8 厘米　重 0.801 千克
含锌均值 26.81%，含银均值 1.09%。
银色部分含锌 28.77%，含银 62.08%，含锑均值 0.35%。
1958 年收购

Copper censer with loop handles rising from
the rim and mammillate feet, with inscription
"Da Ming Xuande nian zhi"
Middle and late Qing dynasty
Height 9 cm, mouth diameter 12.8 cm, weight 0.801 kg
Average content: zinc 26.81%, silver 1.09%. The silver part:
zinc 28.77%, silver 62.08%, antimony 0.35% (average).
Purchased in 1958

圆形，冲耳，乳足。装饰不规则片银。器外底有减地阳文3列6字楷书"大明宣德年制"。铸款，制作精致，字体也好。

仔细观察片银所嵌的位置，有的底下似乎遮掩着沙眼或气眼，尤以铭款四周的片银边缘更明显。说明本器装饰片银的主要作用就是遮丑，以此类推，所谓点金、洒金、片金甚至各种皮色装饰的最初动机，也基本如此。

028

大明宣德年制款冲耳乳足炉
清晚期
高 8.4 厘米　口径 11 厘米　重 0.419 千克
含锌均值 31.2%。耳部含银 0.03%。
清宫旧藏

Copper censer with loop handles rising from the rim and mammillate feet, with inscription "Da Ming Xuande nian zhi"
Late Qing dynasty
Height 8.4 cm, mouth diameter 11 cm, weight 0.419 kg
Average content of zinc 31.2%. Handles: silver 0.03%.
Originally collected in the Qing Palace

圆形，颈略收，腹部下垂。器外底有减地阳文3列6字楷书"大明宣德年制"。铸款，字形规矩，可看出模仿沈度字体的意思，但笔道肉头，软弱无力。附木瓶、盒。

备注：留平58333。

029

大明宣德年制款冲耳乳足炉

清晚期

高 9.4 厘米　口径 12.8 厘米　重 0.956 千克

含锌均值 31.49%，含锑均值 0.11%。

清宫旧藏

Copper censer with loop handles rising from
the rim and mammillate feet, with inscription
"Da Ming Xuande nian zhi"

Late Qing dynasty

Height 9.4 cm, mouth diameter 12.8 cm, weight 0.956 kg

Average content: zinc 31.49%, antimony 0.11%.

Originally collected in the Qing Palace

圆形，乳足略高。铜本色。器外底有减地阳文3列6字楷书"大明宣德年制"。铸款，精致。

打磨精致，铜质莹润，炉体散发出一种内在的柔和光泽。是清晚期宣铜器中的极品。

备注：剑字五六号，原藏乐寿堂。

030

大明宣德年制款冲耳棱足炉

清中晚期

高 7.5 厘米　口径 12.3 厘米　重 0.514 千克

含锌均值 29.68%，含锑均值 0.37%。

清宫旧藏

Copper censer with loop handles rising from the rim and ridged feet, with inscription "Da Ming Xuande nian zhi"

Middle and late Qing dynasty

Height 7.5 cm, mouth diameter 12.3 cm, weight 0.514 kg

Average content: zinc 29.68%, antimony 0.37%

Originally collected in the Qing Palace

圆形，冲耳较方，三棱足外撇。器外底有减地阳文3列6字楷书"大明宣德年制"。铸款，极有韵味，未加任何修饰，可惜铸造略显粗疏，字间铜疵点也未见剔除。

冲耳顶部并不都是圆滑的，如此器就有方折的情况出现，这是来源于青铜鼎耳部的造型，说明此炉之原形，除了宋瓷中的"冲天耳三乳足炉"外，还借鉴了青铜器的因素。外撇的三棱足也说明了这点。

备注：留平58374。

031

大明宣德年制款桥耳乳足炉

清中期

高 9 厘米　口径 14.5 厘米　重 1.095 千克

含锌均值 20.89%，含锑均值 0.12%。

清宫旧藏

Copper censer with bridge-shaped handles and mammillate feet, with inscription "Da Ming Xuande nian zhi"

Middle Qing dynasty

Height 9 cm, mouth diameter 14.5 cm, weight 1.095 kg

Average content: zinc 20.89%, antimony 0.12%.

Originally collected in the Qing Palace

圆形，收颈，鼓腹，乳足。铜本色。口沿锈，香灰重。器外底有减地阳文3列6字楷书"大明宣德年制"。铸款，仿沈度台阁体。

桥耳乳足炉是除冲耳乳足炉之外第二大炉群。

备注：调字三四五号，原藏钟粹宫。

032

大明宣德年制款桥耳乳足炉

清中期

高 17.8 厘米　口径 26.9 厘米

含锌均值 21.23%。耳部含锑 0.01%。

清宫旧藏

Copper censer with bridge-shaped handles
rising from the rim and mammillate feet, with
inscription "Da Ming Xuande nian zhi"

Middle Qing dynasty

Height 17.8 cm, mouth diameter 26.9 cm

Average content of zinc 21.23%. Handles: antimony 0.01%.

Originally collected in the Qing Palace

圆形，较扁。器外底有减地阳文3列6字楷书"大明宣德年制"。铸款，字体骨气内含，平正峭劲。无皮壳，现出铜本色。

备注：菜字三四〇号，原藏遂初堂或延趣楼、萃赏楼、三友轩、抑斋。

033

大明宣德年制款桥耳乳足炉

清中晚期
高 7 厘米　口径 10.4 厘米　重 0.420 千克
含锌均值 27.25%，含锑均值 0.46%。
耳部含银 0.07%。腹、底部含银各 0.03%。
清宫旧藏

Copper censer with bridge-shaped handles and
mammillate feet, with inscription "Da Ming
Xuande nian zhi"

Middle and late Qing dynasty
Height 7 cm, mouth diameter 10.4 cm, weight 0.420 kg
Average content: zinc 27.25%, antimony 0.46%. Handles:
silver 0.07%. Belly and bottom: silver 0.03%.
Originally collected in the Qing Palace

圆形。无锈，铜本色。器外底有减地阳文3
列6字楷书"大明宣德年制"。铸款，有典型的榜
书特点。

对于铜炉来说，只有铸造无缺憾者才有资
格既不上皮色，也不必用金饰加以遮掩。可惜
此炉足部刮削和外底部打磨痕迹明显，粗糙不
堪，败在后期加工上了。

备注：留平58158。

034

大明宣德年制款桥耳乳足炉

清中晚期
高 7 厘米　口径 11 厘米　重 0.708 千克
含锌均值 29.48%。耳部含银 0.03%，含锑 0.01%。
腹、底部含银各 0.01%。

清宫旧藏

Copper censer with bridge-shaped handles and
mammillate feet, with inscription "Da Ming
Xuande nian zhi"
Middle and late Qing dynasty
Height 7 cm, mouth diameter 11 cm, weight 0.708 kg
Average content of zinc 29.48%. Handles: silver 0.03%,
antimony 0.01%. Belly and bottom : silver 0.01%.
Originally collected in the Qing Palace

圆形，乳足。器外底有减地阳文 3 列 6 字楷书 "大明宣德年制"。铸款。整器铸造密实，质地细腻，焕发出金子般的光芒。

本书收录的大明宣德年制款桥耳乳足炉的外表各不相同，有的锈蚀严重，有的光鲜亮丽（或者起码无锈）。为何会有如此大的差异？除了使用环境不同外，铸造工艺水平高低也是重要因素。此器质地细腻，绝无任何气孔，有极高的铸造密度。唯以此为基础，即使经过了长时间的烧香、烘炭，器物外表不但不会阴暗晦涩、锈迹斑斑，反而愈加光润鲜活，显示出与众不同的生命力。

备注：剑字五六号，原藏乐寿堂。

大明宣德年制款桥耳乳足炉

清中晚期

高 11 厘米　口径 19 厘米　重 2.708 千克

含锌均值 29.49%。耳、底部含银各 0.01%。腹部含银 0.02%。

清宫旧藏

Copper censer with bridge-shaped handles and
mammillate feet, with inscription "Da Ming
Xuande nian zhi"

Middle and late Qing dynasty

Height 11 cm, mouth diameter 19 cm, weight 2.708 kg

Average content of zinc 29.49%. Handles and bottom: silver
0.01%. Belly: silver 0.02%.

Originally collected in the Qing Palace

圆形，乳足。器外底有减地阳文3列6字篆
书"大明宣德年制"。铸款。器外底有补丁。

　　备注：剑字五六号，原藏乐寿堂。

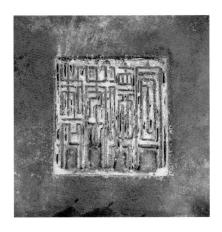

036

宣德年制款桥耳乳足炉

清晚期
高 10.5 厘米　口径 15.7 厘米　重 2.713 千克
含锌均值 33.78%，含锑均值 0.11%。
清宫旧藏

Copper censer with bridge-shaped handles
and mammillate feet, with inscription "Xuande
nian zhi"

Late Qing dynasty
Height 10.5 cm, mouth diameter 15.7 cm, weight 2.713 kg
Average content: zinc 33.78%, antimony 0.11%.
Originally collected in the Qing Palace

圆形，口唇宽，乳足，器形敦厚。器外底有
减地阳文1行4字篆书"宣德年制"。铸款，字形
夸张拉伸，瘦劲紧密。器外底有补丁。器表香
灰多。

备注：调字三四五号，原藏钟粹宫。

037

大明宣德年制款桥耳乳足炉

清晚期

高 5.3 厘米　口径 7.2 厘米　重 0.208 千克

含锌均值 23.36%，含银均值 0.06%，含锑均值 0.2%。

清宫旧藏

Copper censer with bridge-shaped handles and mammillate feet, with inscription "Da Ming Xuande nian zhi"

Late Qing dynasty

Height 5.3 cm, mouth diameter 7.2 cm, weight 0.208 kg

Average content: zinc 23.36%, silver 0.06%, antimony 0.2%.

Originally collected in the Qing Palace

圆形，乳足。器外底有减地阳文3列6字楷书："大明宣德年制"。铸款，未修，地子也高低不平，像个半成品。

器表打磨痕迹明显，颜色光鲜，器内铜疵点未剔除。

备注：无老号，原藏畅音阁。

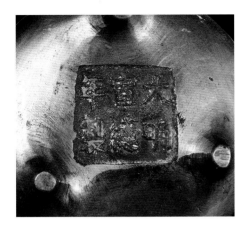

038

大明宣德年制款桥耳乳足炉

清晚期

高 5.5 厘米　口径 7.1 厘米　重 0.265 千克

含锌均值 30.37%，含银均值 0.01%，含锑均值 0.21%。

清宫旧藏

Copper censer with bridge-shaped handles and mammillate feet, with inscription "Da Ming Xuande nian zhi"

Late Qing dynasty

Height 5.5 cm, mouth diameter 7.1 cm, weight 0.265 kg

Average content: zinc 30.37%, silver 0.01%, antimony 0.21%.

Originally collected in the Qing Palace

圆形，收颈，鼓腹，乳足。器外底有减地阳文 3 列 6 字楷书"大明宣德年制"。铸款。

此炉颜色光鲜，内膛未加工，器表到处遗留有打磨痕迹，甚至器外底和底款不加区分一并乱磨，给人感觉是炉子没铸好，所以后期加工也就不当回事。清晚期的铜炉居然没落到这种程度，令人难以置信。

备注：留平 58388。

大明宣德年制款桥耳乳足炉

清晚期

高 7.6 厘米　口径 10.4 厘米　重 0.656 千克
含锌均值 29.99%，含银均值 0.06%。
清宫旧藏

Copper censer with bridge-shaped handles and
mammillate feet, with inscription "Da Ming
Xuande nian zhi"

Late Qing dynasty
Height 7.6 cm, mouth diameter 10.4 cm, weight 0.656 kg
Average content: zinc 29.99%, silver 0.06%.
Originally collected in the Qing Palace

圆形，乳足较高，略呈锥状。铜本色。器外
底有减地阳文3列6字楷书"大明宣德年制"。铜
质细腻光滑，铸款仔细，字间地子极平整。

备注：剑字五六号，原藏乐寿堂。

040

大明宣德年制款桥耳乳足炉

清晚期

高 7.8 厘米　口径 10.5 厘米　重 0.742 千克
含锌均值 29.49%，含银均值 0.01%，含锑均值 0.02%。
清宫旧藏

Copper censer with bridge-shaped handles and
mammillate feet, with inscription "Da Ming
Xuande nian zhi"

Late Qing dynasty
Height 7.8 cm, mouth diameter 10.5 cm, weight 0.742 kg
Average content: zinc 29.49%, silver 0.01%, antimony 0.02%.
Originally collected in the Qing Palace

圆形，乳足较高，略呈锥状。铜本色。器外底有减地阳文3列6字楷书"大明宣德年制"。铸款，"德"字心上无一横。

本器与前件均贴有"丙字第一百五十九号"及"一千四百三十三号"的黄条，备注号和原藏地点也一样，应为一对。区别是一个"德"字心上有一横，而另一个没有。

备注：剑字五六号，原藏乐寿堂。

大明宣德年制款桥耳乳足炉
清光绪或更早
高8厘米　口径9.8厘米　重0.656千克
含锌均值28.92%，含锑均值0.07%，耳部含银0.02%，
腹、底部含银各0.01%。
清宫旧藏

Copper censer with bridge-shaped handles and
mammillate feet, with inscription "Da Ming
Xuande nian zhi"
Guangxu period (1875-1908) of the Qing dynasty, or earlier
Height 8 cm, mouth diameter 9.8 cm, weight 0.656 kg
Average content: zinc 28.92%, antimony 0.07%. Handles:
silver 0.02%. Belly and bottom: silver 0.01%.
Originally collected in the Qing Palace

圆形，乳足。铜本色。器内底有补丁，上饰龙纹及"大明宣德"楷书款。其外底有减地阳文3列6字篆书"大明宣德年制"。铸款。器表虽留有打磨痕迹，但看得出来是经过了仔细加工。黄条："光绪卅年十月初四日收首领梁祥荣交铜小香炉一件。"

此件与众不同的是，铸款的笔画表面是有皮壳的，整个方款的底子上也是有包浆的，都比器表老旧，疑似器表进行过翻新。

备注：余字一四七二号，原藏敦本殿或毓庆宫。

大明宣德年制款桥耳低脚炉

清中晚期

高 6.2 厘米　口径 10.8 厘米　重 0.457 千克

含锌均值 28.64%，含锑均值 0.09%。底部含银 0.01%。

清宫旧藏

───

Copper censer with bridge-shaped handles and
short feet, with inscription "Da Ming Xuande
nian zhi"

Middle and late Qing dynasty

Height 6.2 cm, mouth diameter 10.8 cm, weight 0.457 kg

Average content: zinc 28.64%, antimony 0.09%. Bottom: silver
0.01%.

Originally collected in the Qing Palace

深圆盘式，三足呈铜泡状。铜本色。器外底有减地阳文 3 列 6 字楷书"大明宣德年制"。铸款，模仿台阁体，但笔道不精。

桥耳乳足炉是常见的器形，宫中的桥耳炉也是以此为主。桥耳锥足炉和类似于深盘式的桥耳低脚炉，在旧藏器中只有五件，非常难得。

备注：金字六五八号，原藏永寿宫。

043

大明宣德年制款桥耳低脚炉

清晚期
高 4.9 厘米　口径 11.3 厘米　重 0.394 千克
含锌均值 29.86%，含银均值 0.04%，含锑均值 0.27%。
内底含锌 19.7%。
清宫旧藏

Copper censer with bridge-shaped handles and
short feet, with inscription "Da Ming Xuande
nian zhi"
Late Qing dynasty
Height 4.9 cm, mouth diameter 11.3 cm, weight 0.394 kg
Average content: zinc 29.86%, silver 0.04%, antimony 0.27%.
Bottom: zinc 19.7%.
Originally collected in the Qing Palace

深圆盘式，三足呈铜泡状。铜本色。器内口
沿和颈部位置的铸铜疵点未剔除。器外底有减
地阳文3列6字楷书"大明宣德年制"。铸款，典
型榜书，笔道也粗壮。

备注：金字八四八号，原藏永寿宫。

大明宣德年制款蚰龙耳圈足炉

明宣德
高6.2厘米　口径10.2厘米　重0.442千克
含锌均值11.82%。
清宫旧藏

Copper censer with *youlong* handles and ringfoot, with inscription "Da Ming Xuande nian zhi"
Xuande period (1426-1435) of the Ming dynasty
Height 6.2 cm, mouth diameter 10.2 cm, weight 0.442 kg
Average content of zinc 11.82%.
Originally collected in the Qing Palace

簋式，圈足。器外底有减地阳文3列6字楷书"大明宣德年制"。铸款，文字与沈度书体别无二致，且一刀未修。锌含量均值也符合宣德本朝黄铜器的数据。

此炉原为海棠红色皮色。昌襄《宣炉歌》称赞宣德铜炉最奇妙的地方在于颜色。本器圈足内铭款周边的颜色因长期扣在台面上，受到的干扰较少，所以最能反映它的本色，似胭脂，像粉霞，柔软细腻，妩媚娇艳。

蚰龙耳炉为仿青铜簋式造型，也是宣铜器中常见的器形，在故字号铜炉里占有不小的比例。

备注：留平58187。

附图：沈度法书辑字款与铸款重叠对比图

045

大明宣德年制款蚰龙耳圈足炉
明宣德
通高 15.2 厘米　口径 13.5 厘米　重 1.059 千克
含锌均值 13.82%。盖部含锌 0.82%。
清宫旧藏

Copper censer with *youlong* handles and ringfoot, with inscription "Da Ming Xuande nian zhi"

Xuande period (1426-1435) of the Ming dynasty
Overall height 15.2 cm, mouth diameter 13.5 cm, weight 1.059 kg
Average content of zinc 13.82%. Lid: zinc 0.82%.
Originally collected in the Qing Palace

篇式，圈足。盖面间饰镂空团"卍"和团"年"。"卍""年"上的双钩阴线及弧线是铸出来的，而非清代器物上常见的阴刻线。器外底有减地阳文3列6字楷书"大明宣德年制"。铸款，非常湛精，与沈度书体极为接近。锌含量也在瞿县寺铜鎏金双耳活环瓶的含锌范围内。

底部皮色好，外部烟熏痕迹甚重。炉腹下部及圈足处有越来越明显的橘红色穿过厚重的尘垢透露出来，红彤彤，如太阳初升，映红了天边。这种红色发自炉体深处，所谓宝色内涵，好似《韩非子·内储说下》所言："奉炽炉，炭火尽赤红。"

联想到原藏地点是前朝后妃或皇太后居住的慈宁宫，加之盖上的"卍""年"字样，本器长期作为香炉供佛使用是肯定的了。

备注：称字二五号，原藏慈宁宫。

附图：沈度法书辑字款与铸款重叠对比图

046

大明宣德年制款蚰龙耳圈足炉

清中早期

高 5.5 厘米　口径 10.7 厘米　重 1.381 千克

含锌均值 6.26%，含锑均值 0.04%。

腹、底含锌 6.23%。耳部含锌 6.32%。

清宫旧藏

Copper censer with *youlong* handles and ringfoot, with inscription "Da Ming Xuande nian zhi"

Early and middle Qing dynasty

Height 5.5 cm, mouth diameter 10.7 cm, weight 1.381 kg

Average content: zinc 6.26%, antimony 0.04%. Belly and bottom: zinc 6.23%. Handles: zinc 6.32%.

Originally collected in the Qing Palace

簋式，圈足。栗壳色皮色。器外底有减地阳文 3 列 6 字楷书"大明宣德年制"。刻款，处理不细。

此器极重，经测量，它的壁、底厚度犹如常器，但重量却比同样大小甚至略大的普通炉重两倍以上。本书件 5 铜冲耳乳足炉虽然也很重，但尺寸尚略大于本器，二者重量却相差无几。说明此器内部重金属成分或铸造密度不同寻常。各部位含锌量几乎均等，也显示了良好的铸造手段。

备注：留平 58176。

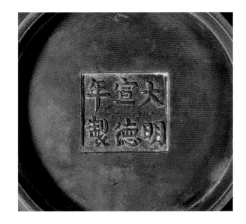

047

大明宣德年制款蚰龙耳圈足炉

清中期
高 5.5 厘米　口径 8.4 厘米　重 0.320 千克
含锌均值 14.91%。
清宫旧藏

Copper censer with *youlong* handles and ringfoot, with inscription "Da Ming Xuande nian zhi"
Middle Qing dynasty
Height 5.5 cm, mouth diameter 8.4 cm, weight 0.320 kg
Average content of zinc 14.91%.
Originally collected in the Qing Palace

篆式, 圈足。栗壳色皮色。器外底有减地阳文3列6字楷书"大明宣德年制"。铸款, 起笔、收笔处有修痕。附紫檀木座。
备注: 吕字七七五号, 原藏养心殿。

048

大明宣德年制款蚰龙耳圈足炉
清中期
高 6.5 厘米　口径 9.6 厘米　重 0.366 千克
含锌均值 16.78%。
清宫旧藏

Copper censer with *youlong* handles and
ringfoot, with inscription "Da Ming Xuande
nian zhi"
Middle Qing dynasty
Height 6.5 cm, mouth diameter 9.6 cm, weight 0.366 kg
Average content of zinc 16.78%.
Originally collected in the Qing Palace

篡式，圈足。铜本色，局部锈蚀严重。器外
底有减地阳文3列6字楷书"大明宣德年制"。铸
款，局部有刀修痕。附紫檀瓶、紫檀盒、铜匙、
铜箸。盒为双层，盒面嵌谷纹玉璧。铜匙、箸为
竹节状。

　　备注：留平58309。

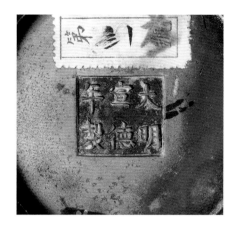

049

大明宣德年制款蚰龙耳圈足炉

清中期

高 5 厘米　口径 7.4 厘米　重 0.203 千克

含锌均值 20.15%，含锑均值 0.08%。

清宫旧藏

Copper censer with *youlong* handles and ringfoot, with inscription "Da Ming Xuande nian zhi"

Middle Qing dynasty

Height 5 cm, mouth diameter 7.4 cm, weight 0.203 kg

Average content: zinc 20.15%, antimony 0.08%.

Originally collected in the Qing Palace

簋式，圈足。铜本色。器外底有减地阳文3列6字楷书"大明宣德年制"。铸款，不精。

器表无皮壳，表面只均匀地覆盖有一层浅薄而透明的包浆。下面黄澄澄的铜本色映透出来，暗淡的表皮下透出柔润的光泽，在光线下显得晶莹暖润，拿在手中似有一种灵动的感觉。铜炉出现这种效果，除去精密铸造而成的良好质地外，长期把玩也是必不可少的条件，绝非久置不动的结果。联想到老号显示原安置地为养心殿，这是清代数朝皇帝的住所，可以想象此物必有过一番不同寻常的经历。

备注：吕字三八五七号，原藏养心殿。

050

大明宣德年制款蚰龙耳圈足炉

清中期

高 8.5 厘米　口径 13.8 厘米　重 0.958 千克

含锌均值 15.38%。

清宫旧藏

Copper censer with *youlong* handles and ringfoot, with inscription "Da Ming Xuande nian zhi"

Middle Qing dynasty

Height 8.5 cm, mouth diameter 13.8 cm, weight 0.958 kg

Average content of zinc 15.38%.

Originally collected in the Qing Palace

簋式，圈足。铜本色。器外底有减地阳文3列6字楷书"大明宣德年制"。铸款，局部有刀修痕。双耳有铲修痕，周身和外底部有细密的旋转加工痕迹。

器表较亮，但是透着一种老铜色。除耳部外，机械加工、打磨的痕迹几乎遍及全器。这是制作时的后期加工特点，大部分器物因为之后的打磨，这些加工痕迹基本都看不到了。

备注：地字三〇一号，原藏坤宁宫。

051

大明宣德年制款蚰龙耳圈足炉
清中期
高 6 厘米　口径 9 厘米　重 0.279 千克
含锌均值 20.71%，含锑均值 0.29%。
清宫旧藏

Copper censer with *youlong* handles and
ringfoot, with inscription "Da Ming Xuande
nian zhi"
Middle Qing dynasty
Height 6 cm, mouth diameter 9 cm, weight 0.279 kg
Average content: zinc 20.71%, antimony 0.29%.
Originally collected in the Qing Palace

簋式，圈足。棠梨色皮色。器外底有减地阳
文3列6字楷书"大明宣德年制"。铸款，不精。附
漆瓶、漆盒、铜匙、铜箸。
　　备注：留平58230。

大明宣德年制款蚰龙耳圈足炉

清嘉庆
高 7 厘米　口径 10 厘米　重 0.337 千克
含锌均值 25.37%，含锑均值 0.16%。耳、腹部含银各 0.03%。
清宫旧藏

Copper censer with *youlong* handles and ringfoot, with inscription "Da Ming Xuande nian zhi"

Jiaqing period (1796-1820) of the Qing dynasty
Height 7 cm, mouth diameter 10 cm, weight 0.337 kg
Average content: zinc 25.37%, antimony 0.16%. Handles and belly: silver 0.03%.
Originally collected in the Qing Palace

簋式，圈足。栗壳色皮色。器外底有减地阳文3列6字楷书"大明宣德年制"。铸款，不精，有气眼伤字口的现象，字间空白处的铜疵点也未剔除。黄条："嘉庆十三年五月二十六日收。""铜炉一件，寿意。"

备注：阙字五二六号，原藏寿安宫。

宣德年制款虬龙耳圈足炉

清中晚期

通高 12.4 厘米　口径 12 厘米　重 1.713 千克
器、座含锌均值 26.82%，含锑均值 0.01%。
1966年拨赠

Copper censer with *youlong* handles and
ringfoot, with inscription "Xuande nian zhi"

Middle and late Qing dynasty

Overall height 12.4 cm, mouth diameter 12 cm,
weight 1.713 kg

Average content (censer and pedestal): zinc 26.82%,
antimony 0.01%.

虬龙耳，圈足。器外底有减地阳文单行4字
篆书"宣德年制"。铸款，字体工整精致。

器、座均采用熟斑铜工艺，皮壳莹润，表面
的透明层似瓷器的釉，有一定深度。在这层透明
的皮壳中间或下面，散布着高低错落、大小不
等、形状各异的金色亮片。稍转炉体，亮片的边
缘会改变形状，彼此的叠压关系也会随之变化。

故字号的虬龙耳炉形制高度统一，无论明
清。而新字号虬龙耳炉，器形杂然相间，很多都
是旧藏器中没有出现过的器形，因此在断代上
不适合作为参照标准。

大明宣德年制款鱼耳圈足炉

明晚期
高 2.7 厘米　口径 9.2 厘米　重 0.513 千克
含锌均值 6.94%，含银均值 0.03%，含锑均值 0.08%。
1960年收购

Copper censer with fish-shaped handles and
ringfoot, with inscription "Da Ming Xuande
nian zhi"

Late Ming dynasty
Height 2.7 cm, mouth diameter 9.2 cm, weight 0.513 kg
Average content: zinc 6.94%, silver 0.03%, antimony 0.08%.
Purchased in 1960

圆形，鱼耳，圈足。整器鎏金，局部有脱落，包浆厚重。器外底有减地阳文3列6字楷书"大明宣德年制"。铸款，字体颇具沈度遗风。

鱼耳圈足炉借鉴了南宋"粉青釉鱼耳簋式炉"的造型，器形统一规范，除个别器加有金饰外，再无任何变化，甚至大小、重量也相差无几。

新字号鱼耳炉多用金饰。或许是为了追求鳞光的效果。金色常用来修饰鱼，所谓："眼似珍珠鳞似金，赤鲤腾出如有神。"故字号鱼耳炉只有两件加有金饰。

055

大明宣德年制款鱼耳圈足炉

清中期

高 7.2 厘米　口径 9.7 厘米　重 0.468 千克

含锌均值 15.04%。

清宫旧藏

Copper censer with fish-shaped handles and ringfoot, with inscription "Da Ming Xuande nian zhi"

Middle Qing dynasty

Height 7.2 cm, mouth diameter 9.7 cm, weight 0.468 kg

Average content of zinc 15.04%.

Originally collected in the Qing Palace

圆形，矮圈足较小。腹部通耳饰一周鎏金云纹。插耳，器内可以看到痕迹。内壁上有竖向的铲痕，其上又覆盖有旋转痕。器外底有减地阳文3列6字楷书"大明宣德年制"。铸款，有刀修痕。

备注：留平58170。

056

大明宣德年制款鱼耳圈足炉

清中期

高 7.3 厘米　口径 10 厘米　重 0.434 千克

含锌均值 13.19%。耳部含锌 28.91%。

清宫旧藏

―――

Copper censer with fish-shaped handles and
ringfoot, with inscription "Da Ming Xuande
nian zhi"

Middle Qing dynasty

Height 7.3 cm, mouth diameter 10 cm, weight 0.434 kg

Average content of zinc 13.19%. Handles: zinc 28.91%.

Originally collected in the Qing Palace

圆形，圈足。铜本色。插耳，器内既可以
看到穿钉痕迹，也可以看到明显的剔痕。器外
底有减地阳文3列6字楷书"大明宣德年制"。铸
款，不精。附紫檀瓶、紫檀盒、铜匙、铜箸。

此器和件57、件60内部有着规律的刀剔痕
迹，这是铲剔铜疵后留下的。这种加工手段透
露出的信息，对断代有着重要的参考价值。

备注：留平58300。

057

大明宣德年制款鱼耳圈足炉

清中期

高 7.3 厘米　口径 9.5 厘米　重 0.308 千克

含锌均值 13.05%。

清宫旧藏

———

Copper censer with fish-shaped handles and
ringfoot, with inscription "Da Ming Xuande
nian zhi"

Middle Qing dynasty

Height 7.3 cm, mouth diameter 9.5 cm, weight 0.308 kg

Average content of zinc 13.05%.

Originally collected in the Qing Palace

圆形，圈足。器内壁满布纵向的铲痕，内底是蜡模上遗留下来的旋转痕，局部被铲平，后期手工加工痕迹明显。器外底有减地阳文3列6字楷书"大明宣德年制"。铸款，不精。附彩漆瓶、盒。

备注：留平58226。

058

大明宣德年制款鱼耳圈足炉
清中期
高 7.8 厘米　口径 10.2 厘米　重 0.408 千克
含锌均值 15.93%。口部含银 0.1%。
1959年收购

Copper censer with fish-shaped handles and
ringfoot, with inscription "Da Ming Xuande
nian zhi"
Middle Qing dynasty
Height 7.8 cm, mouth diameter 10.2 cm, weight 0.408 kg
Average content of zinc 15.93%. Mouth: silver 0.1%.
Purchased in 1959

圆形，鱼耳，圈足。栗壳色皮色。横贯双耳
和腹部饰不规则银带一周。器外底有减地阳文
3列6字楷书"大明宣德年制"。铸款。

059

大明宣德年制款鱼耳圈足炉
清中期
高 6.9 厘米　口径 8.6 厘米　重 0.546 千克
含锌均值 15.43%。
1959年收购

Copper censer with fish-shaped handles
and ringfoot, with inscription "Da Ming
Xuande nian zhi"
Middle Qing dynasty
Height 6.9 cm, mouth diameter 8.6 cm, weight 0.546 kg
Average content of zinc 15.43%.
Purchased in 1959

圆形，鱼耳，圈足。满鎏金。器外底有减地
阳文3列6字楷书"大明宣德年制"。铸款。

大明宣德年制款鱼耳圈足炉
清中晚期
高 7.8 厘米　口径 10.6 厘米
含锌均值 23.77%。
清宫旧藏

Copper censer with fish-shaped handles and
ringfoot, with inscription "Da Ming Xuande
nian zhi"
Middle and late Qing dynasty
Height 7.8 cm, mouth diameter 10.6 cm
Average content of zinc 23.77%.
Originally collected in the Qing Palace

圆形，矮圈足内收。器表有不规则点金。器
内剔痕明显。器外底有减地阳文3列6字楷书"大
明宣德年制"。铸款。附硬木瓶、硬木盒、铜匙、
铜箸。

备注：留平58303。

大明宣德年制款鱼耳圈足炉

清中晚期
高 6.4 厘米　口径 8.5 厘米　重 0.307 千克
含锌均值 18.83%。
清宫旧藏

Copper censer with fish-shaped handles and
ringfoot, with inscription "Da Ming Xuande
nian zhi"

Middle and late Qing dynasty
Height 6.4 cm, mouth diameter 8.5 cm, weight 0.307 kg
Average content of zinc 18.83%.
Originally collected in the Qing Palace

圆形，圈足。器外底有减地阳文3列6字楷书"大明宣德年制"。铸款。

此器锈蚀较重，原贮藏地是宫中的佛堂。与之相比，件56、件62器表颜色虽不鲜艳，但光洁无锈，蕴含着深黄色的光泽。它们表象上的区别，反映了功用的不同。佛堂用炉一般都是用来烧香供佛，缺少盘磨养护，年久难免生锈。而后宫内室用炉，一般都是用炭火煨养，然后再用于把玩或陈设。炉体外观与藏贮地点有着必然的内在联系。

备注：潜字三〇号，原藏敬事房后院。

062

大明宣德年制款鱼耳圈足炉

清中晚期
高 7.7 厘米　口径 10.6 厘米　重 0.509 千克
含锌均值 18.2%。
清宫旧藏

Copper censer with fish-shaped handles and ringfoot, with inscription "Da Ming Xuande nian zhi"
Middle and late Qing dynasty
Height 7.7 cm, mouth diameter 10.6 cm, weight 0.509 kg
Average content of zinc 18.2%.
Originally collected in the Qing Palace

圆形，圈足。器表光滑，略呈深黄色。器外底有减地阳文3列6字楷书"大明宣德年制"。铸款，较一般。

备注：吕字三八五六号，原藏养心殿。

宣德年制款方戟耳圈足炉
清中期
高 7.4 厘米　口径 10.1 厘米　重 0.821 千克
含锌均值 22.02%。
清宫旧藏

Copper censer with halberd-shaped handles and
ringfoot, with inscription "Xuande nian zhi"
Middle Qing dynasty
Height 7.4 cm, mouth diameter 10.1 cm, weight 0.821 kg
Average content of zinc 22.02%.
Originally collected in the Qing Palace

方戟耳，长而及地。口沿平侈，圈足内收。
铜本色。器外底有减地阳文2列4字篆书"宣德年
制"。铸款，规矩，有沧桑感。器外底和铭款还保
留有原包浆，说明器表的铜本色是后被磨出来
的，宫里这种把老炉见新的情况在嘉庆以后经
常出现。

备注：黄字四九三号，原藏上书房。

064

大明宣德年制款圆戟耳圈足炉

清中晚期
高 7.5 厘米　口径 7.4 厘米　重 0.299 千克
含锌均值 27.64%，含银均值 0.03%。
清宫旧藏

Copper censer with halberd-shaped handles
and ringfoot, with inscription "Da Ming
Xuande nian zhi"

Middle and late Qing dynasty
Height 7.5 cm, mouth diameter 7.4 cm, weight 0.299 kg
Average content: zinc 27.64%, silver 0.03%.
Originally collected in the Qing Palace

圆棍式戟耳，圈足较高。器外底有减地阳
文3列6字楷书"大明宣德年制"。铸款，无修痕。
备注：潜字五三号，原藏敬事房后院。

大明宣德年制款戟耳圈足炉

清晚期

高6.3厘米 口径9.4厘米 重0.275千克

含锌均值30.3%。圈足含锑0.18%。

清宫旧藏

———

Copper censer with halberd-shaped handles and ringfoot, with inscription "Da Ming Xuande nian zhi"

Late Qing dynasty

Height 6.3 cm, mouth diameter 9.4 cm, weight 0.275 kg

Average content of zinc 30.3%. Ringfoot: antimony 0.18%.

Originally collected in the Qing Palace

戟耳，口沿平侈，圈足底边起沿。铜本色，器表尚遗有烧蓝色。器外底有减地阳文3列6字楷书"大明宣德年制"。铸款，不精。

圈足与器身不是一次铸成，采用了焊接工艺。足底有机器加工痕迹。

件63、件64的戟耳，造型似古代青铜兵器的戟，显得有力而坚硬，是真正的戟耳。本器之耳，怎么看都和兵器挂不上关系，倒更像是富有生命力的夔形。

器表有烧蓝色，这是防腐处理后的颜色。其实工艺很简单，古人很早就应用了。一般多次锻打的兵器上会用到这种防腐方法，比如青铜剑。方法是将成形的器物加热至红热状后，快速浸入水中，器表就形成一层蓝汪汪的光亮氧化层。然后将其浸入防锈油中，出油后干燥处理就可以了。也可以将器物清洁干净后，加热至红，然后直接放入矿物油中冷却，可达到很好的效果。过去铜炉上出现这种烧蓝，制作时代一般看得很晚。即使是故字号的宣铜器，其时代一般也定在民国。该器具备老号，有明确的安置地点。综合考虑，时代定为清晚期比较适宜。

备注：洪字九八七号，原藏懋勤殿。

066

大明宣德年制款鬲式炉

明晚期
高 10 厘米　口径 25.1 厘米
含锌均值 4.67%，含锑均值 0.01%。口沿含银均值 0.05%。
清宫旧藏

Copper *li* (cooking vessel)-shaped censer with
inscription "Da Ming Xuande nian zhi"
Late Ming dynasty
Height 10 cm, mouth diameter 25.1 cm
Average content: zinc 4.67%, antimony 0.01%. Rim: average
content of silver 0.05%.
Originally collected in the Qing Palace

圆形，口沿平，唇边起立沿，束颈，无耳，
三足略呈兽足状。器外底有减地阳文3列6字篆
书"大明宣德年制"。铸款，字体规矩。

备注：光字七七之一号，原藏英华殿。

067

大明宣德年制款鬲式炉

清中期

高 14.5 厘米　口径 25.6 厘米

含锌均值 15.66%。上腹、足底含锌 15.55%。下腹 15.87%。

清宫旧藏

———

Copper *li*-shaped censer with inscription "Da
Ming Xuande nian zhi"

Middle Qing dynasty

Height 14.5 cm, mouth diameter 25.6 cm

Average content of zinc 15.66%. Upper belly and feet: zinc
15.55%. Lower belly: zinc 15.87%.

Originally collected in the Qing Palace

圆形，无耳，口略外侈，平底，乳足。器形敦厚。器外底有减地阳文3列6字楷书"大明宣德年制"。铸款，字体雄浑大气。附铜纱罩。

　　备注：收字二一二号，原藏延晖阁或位育斋、千秋亭、澄瑞亭。

大明宣德年制款鬲式炉

清中期
高 6 厘米　口径 13.5 厘米　重 1.230 千克
含锌均值 19.01%，含锑均值 0.15%。
清宫旧藏

Copper *li*-shaped censer with inscription "Da
Ming Xuande nian zhi"
Middle Qing dynasty
Height 6 cm, mouth diameter 13.5 cm, weight 1.230 kg
Average content: zinc 19.01%, antimony 0.15%.
Originally collected in the Qing Palace

圆形，口沿平，唇边起立沿，束颈，无耳，
三足略呈兽足状。器外底有阳文3列6字篆书
"大明宣德年制"。铸款。

备注：逾字五一五号，属1943年5月至1951
年4月院内发现文物。

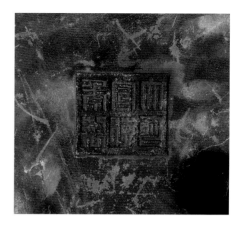

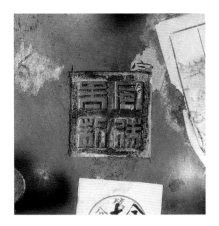

069

宣德年制款鬲式炉

清中期

高 4.1 厘米　口径 8.4 厘米　重 0.270 千克

含锌均值 14.58%，含银均值 0.09%，含锑均值 0.24%。

清宫旧藏

Copper *li*-shaped censer with inscription
"Xuande nian zhi"

Middle Qing dynasty

Height 4.1 cm, mouth diameter 8.4 cm, weight 0.270 kg

Average content: zinc 14.58%, silver 0.09%, antimony
0.24%.

Originally collected in the Qing Palace

圆形，口有立边，口往里斜下渐收，束颈，短柱足。器外底有减地阳文2列4字篆书"宣德年制"。铸款，不精。

备注：金字七六五号，原藏永寿宫。

宣德年制款鬲式炉

宣中晚期
高 5.6 厘米　口径 12.1 厘米　重 0.657 千克
含锌均值 29.39%，含银均值 0.04%，含锑均值 0.07%。
清宫旧藏

Copper *li*-shaped censer with inscription
"Xuande nian zhi"
Middle and late Qing dynasty
Height 5.6 cm, mouth diameter 12.1 cm, weight 0.657 kg
Average content: zinc 29.39%, silver 0.04%, antimony 0.07%.
Originally collected in the Qing Palace

圆形，无耳，短柱足。茶叶末色皮色。器外底有减地阳文2列4字篆书"宣德年制"。铸款，不精。附木瓶、木盒、铜匙、铜箸。

备注：留平58368。

071

大明宣德年制款鬲式炉

清中晚期

高 4.9 厘米　口径 12.1 厘米　重 0.604 千克
含锌均值 26.82%，含银均值 0.07%，含锑均值 0.18%。
清宫旧藏

———

Copper *li*-shaped censer with inscription "Da
Ming Xuande nian zhi"

Middle and late Qing dynasty

Height 4.9 cm, mouth diameter 12.1 cm, weight 0.604 kg
Average content: zinc 26.82%, silver 0.07%, antimony 0.18%.
Originally collected in the Qing Palace

圆形，口沿平，唇边起立沿，束颈，无耳，蹄足。器外底有减地阳文3列6字楷书"大明宣德年制"。铸款，有修，地子做成鱼子地。

备注：晴字一八号。原藏皮库或瓷库、五圣阁、城隍庙、衣库、官果房、枪炮库、油漆作、修书处及西河沿一带。

072

宣德年制款鬲式炉

清中晚期

高 12 厘米　口径 9.7 厘米　重 0.920 千克

含锌均值 29.28%，含银均值 0.05%，含锑均值 0.28%。

清宫旧藏

Copper *li*-shaped censer with inscription
"Xuande nian zhi"

Middle and late Qing dynasty

Height 12 cm, mouth diameter 9.7 cm, weight 0.920 kg

Average content: zinc 29.28%, silver 0.05%, antimony 0.28%.

Originally collected in the Qing Palace

立耳，短颈，三个变形兽面组成器身，兽面鼻形成分裆袋足。器内壁和内底形状随外形。器外底有圆形减地阳文篆书"宣德年制"。铸款。

备注：留平 58318。

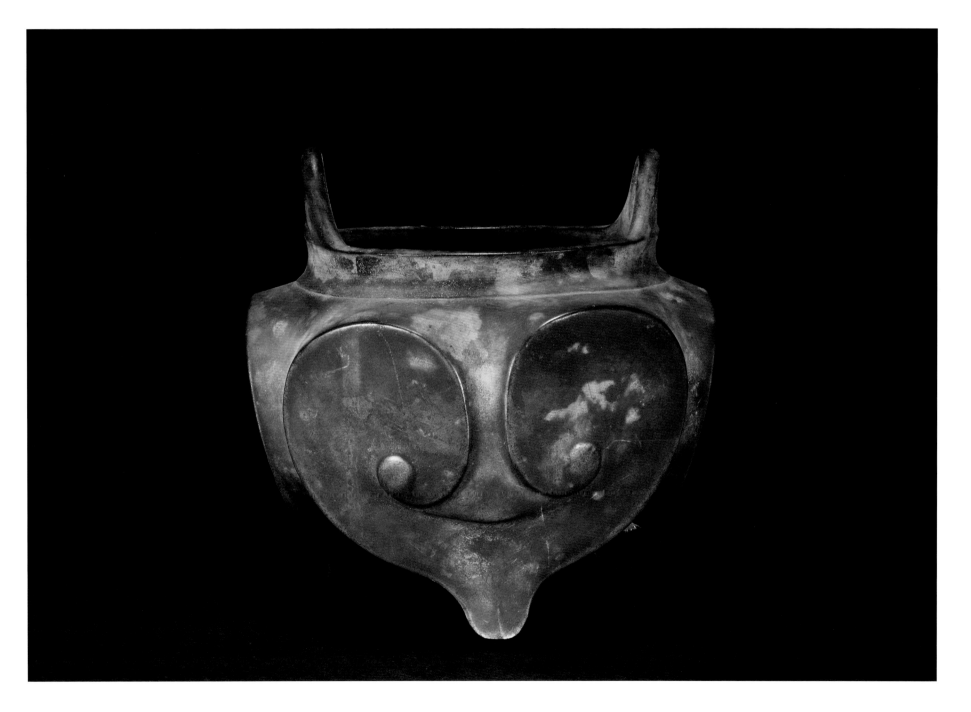

073

大明宣德年制款方折耳乳足炉

清中期
高 6.3 厘米　口径 7.5 厘米　重 0.318 千克
含锌均值 14.59%。
清宫旧藏

Copper censer with right-angle handles and
mammillate feet, with inscription "Da Ming
Xuande nian zhi"
Middle Qing dynasty
Height 6.3 cm, mouth diameter 7.5 cm, weight 0.318 kg
Average content of zinc 14.59%.
Originally collected in the Qing Palace

圆形，圆唇口，收颈，方折耳活环，三乳
足。铜本色。器外底有减地阳文3列6字楷书"大
明宣德年制"。铸款，不精。

杂式炉推陈出新的情况比较多，甚至有些
器形拼凑的感觉很重，此器将硬朗的直耳与委
婉的器身、乳足组合为一体，显得不伦不类。

备注：留平58384。

074

大明宣德年制款低脚押经炉

清中期

高 4.2 厘米　口径 9.8 厘米　重 0.316 千克

含锌均值 17.97%，含锑均值 0.03%。

清宫旧藏

Copper *yajing* censer with short feet, with
inscription "Da Ming Xuande nian zhi"

Middle Qing dynasty

Height 4.2 cm, mouth diameter 9.8 cm, weight 0.316 kg

Average content: zinc 17.97%, antimony 0.03%.

Originally collected in the Qing Palace

口缘圆厚，双耳活环，三平足。铜本色。器
外底有减地阳文3列6字楷书"大明宣德年制"。
刻款，不精。附红木瓶、红木盒、铜匙、铜箸。

备注：留平58276。

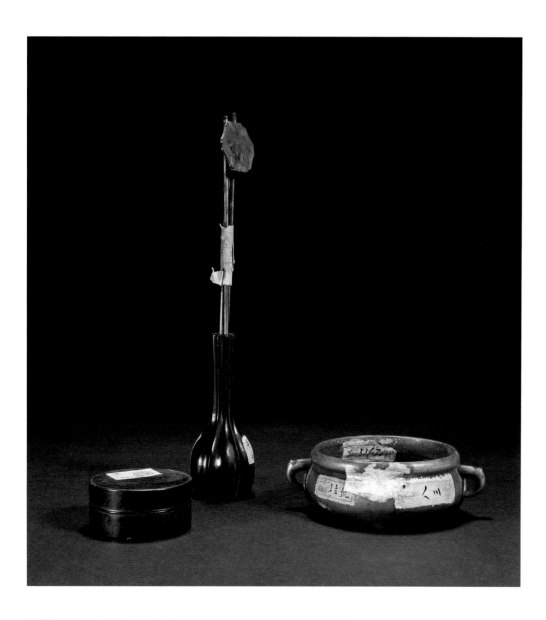

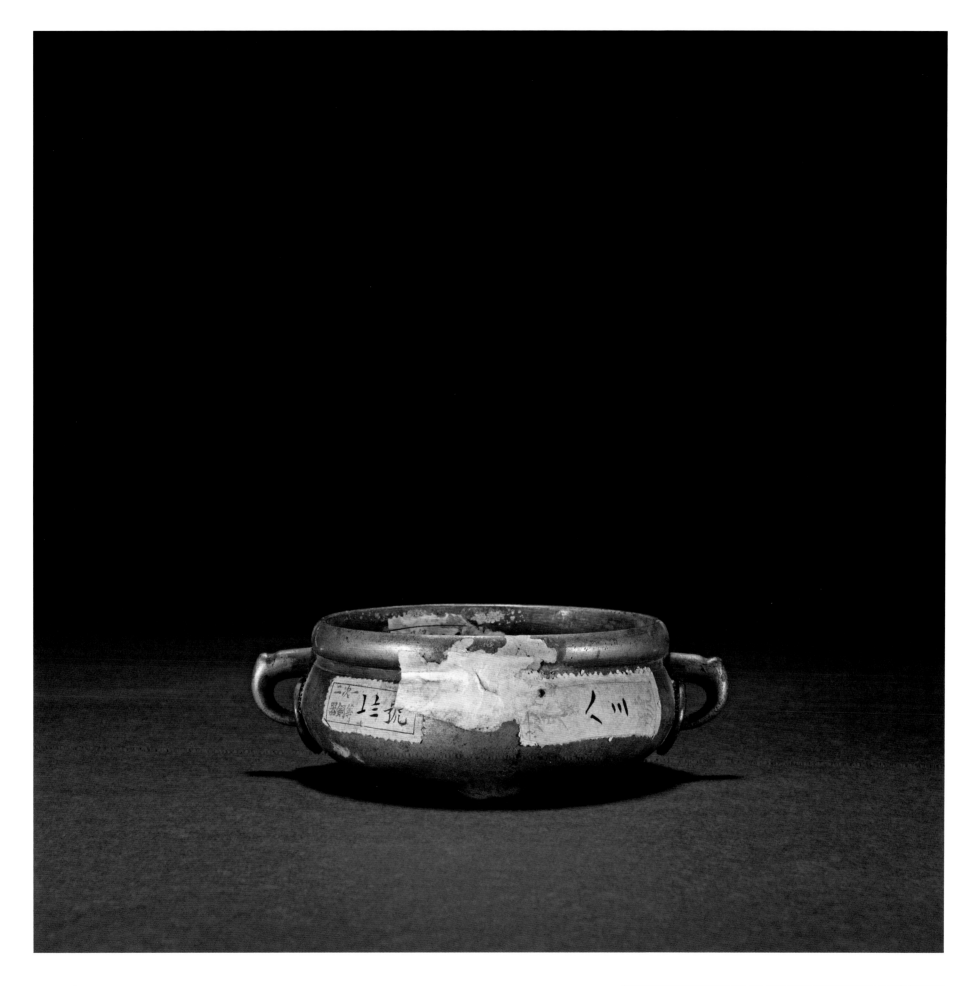

大明宣德年制款低脚押经炉

清嘉庆
高 4.8 厘米　口径 9.5 厘米　重 0.422 千克
含锌均值 29.52%。
清宫旧藏

Copper *yajing* censer with short feet, with
inscription "Da Ming Xuande nian zhi"
Jiaqing period (1796-1820) of the Qing dynasty
Height 4.8 cm, mouth diameter 9.5 cm, weight 0.422 kg
Average content of zinc 29.52%.
Originally collected in the Qing Palace

深圆盘式，三足呈扁圆的小泡状。铜本色。
器外底有减地阳文3列6字楷书"大明宣德年
制"。铸款，字体秀气，遗憾个别笔道没铸全或
有变形。附黄条："嘉庆十年十二月初四日收。"
　　器的泡状足非常有特点，明代宣铜器中未
见，具有典型的清代风格。
　　备注：阙字五二三号，原藏寿安宫。

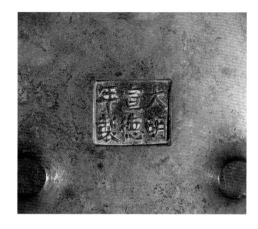

076

大明宣德年制款狮耳圈足炉

清中期

高 9.2 厘米　口径 14.5 厘米　重 1.009 千克

含锌均值 14.22%。

清宫旧藏

Copper censer with lion-shaped handles and ringfoot, with inscription "Da Ming Xuande nian zhi"

Middle Qing dynasty

Height 9.2 cm, mouth diameter 14.5 cm, weight 1.009 kg

Average content of zinc 14.22%.

Originally collected in the Qing Palace

簋式，圈足，口外撇。器口下以"S"形双勾连云纹为地，每面对饰双凤。圈足上也饰勾连云纹。器外底有减地阳文3列6字楷书"大明宣德年制"。铸款，榜书特点浓厚。

耳部采用狮首造型。狮耳炉重装饰，纹饰花样也多一些，说明器形和纹饰息息相关。狮耳炉的形制多变，仅口部就有直口、侈口、平口、凸口四种，足部和器身造型变化也很多。

备注：钜字二九六号，原藏养性殿。

大明宣德年制款狮耳圈足炉

清中期

高 8.8 厘米　口径 14.1 厘米　重 1.087 千克

含锌均值 25.17%，含银均值 0.01%，含锑均值 0.01%。

盖含锌 0.77%，含银 0.04%。

清宫旧藏

Copper censer with lion-shaped handles and ringfoot, with inscription "Da Ming Xuande nian zhi"

Middle Qing dynasty

Height 8.8 cm, mouth diameter 14.1 cm, weight 1.087 kg

Average content: zinc 25.17%, silver 0.01%, antimony 0.01%.

Lid: zinc 0.77%, silver 0.04%.

Originally collected in the Qing Palace

簋式，圈足，口稍外撇。褐色，老皮壳。器外底有减地阳文3列6字楷书"大明宣德年制"。铸款，笔道转折或收笔处显得较硬，而"宣"字宝盖左边的点和"德"字心左边的点，处理得又太过呆圆。附镂空云蝠纹盖。

备注：阙字五〇九号，原藏寿安宫。

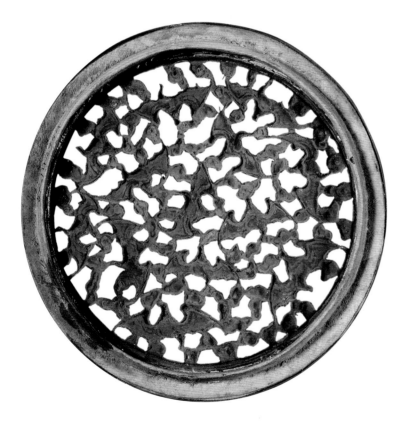

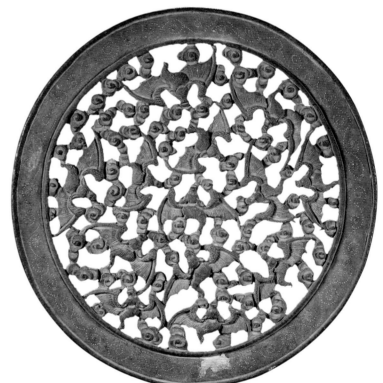

大明宣德年制款狮耳圈足炉
清中晚期
高 5.7 厘米　口径 10 厘米　重 0.358 千克
含锌均值 23.54%。
清宫旧藏
———

Copper censer with lion-shaped handles and
ringfoot, with inscription "Da Ming Xuande
nian zhi"
Middle and late Qing dynasty
Height 5.7 cm, mouth diameter 10 cm, weight 0.358 kg
Average content of zinc 23.54%.
Originally collected in the Qing Palace

簋式，圈足，口外侈。颈部以回纹为地，两
面对饰双凤纹。足饰一周双勾连云纹。栗壳色
皮色。器外底有减地阳文3列6字楷书"大明宣德
年制"。铸款，字形不好，笔道生硬。
　　备注：留平59110。

079

大明宣德年制款狮耳圈足炉

清中晚期
高 6 厘米　口径 8.5 厘米　重 0.249 千克
含锌均值 18.01%，含锑均值 0.21%。底部含银 0.01%。
清宫旧藏

Copper censer with lion-shaped handles and ringfoot, with inscription "Da Ming Xuande nian zhi"

Middle and late Qing dynasty
Height 6 cm, mouth diameter 8.5 cm, weight 0.249 kg
Average content: zinc 18.01%, antimony 0.21%. Bottom: silver 0.01%
Originally collected in the Qing Palace

簋式，圈足，口外撇。锈蚀很重。器外底有减地阳文3列6字楷书"大明宣德年制"。铸款，不精，"年""制"二字未铸全。

备注：留平58245。

大明宣德年制款狮耳圈足炉

清中晚期

高 5.5 厘米　口径 11.6 厘米　重 0.507 千克

含锌均值 28.42%，含锑均值 0.36%。底部含银 0.02%。

清宫旧藏

Copper censer with lion-shaped handles and ringfoot, with inscription "Da Ming Xuande nian zhi"

Middle and late Qing dynasty

Height 5.5 cm, mouth diameter 11.6 cm, weight 0.507 kg

Average content: zinc 28.42%, antimony 0.36%. Bottom: silver 0.02%.

Originally collected in the Qing Palace

簋式，圈足，口外撇，器形略扁。蟹壳青色皮色。器外底有减地阳文3列6字楷书"大明宣德年制"。铸款，字体漂亮，但因铸造不精，有断笔、缺笔的现象，周边地子也未进一步加工。附硬木瓶、硬木盒、铜匙、铜箸。

备注：留平58267。

081

大明宣德年制款狮耳圈足炉
清中晚期
高 7.3 厘米　口径 9.2 厘米　重 0.597 千克
含锌均值 26.56%。
清宫旧藏

Copper censer with lion-shaped handles and
ringfoot, with inscription "Da Ming Xuande
nian zhi"
Middle and late Qing dynasty
Height 7.3 cm, mouth diameter 9.2 cm, weight 0.597 kg
Average content of zinc 26.56%.
Originally collected in the Qing Palace

篹式，圈足，口外侈，鼓腹下垂。双耳鎏
金。器外底有减地阳文3列6字楷书"大明宣德年
制"。铸款，较精，字形大气，笔道粗壮有力。
备注：称字二一六号，原藏慈宁宫。

082

大明宣德年制款狮耳兽足炉

清中期

高 7 厘米　口径 10.5 厘米　重 0.438 千克

含锌均值 16.34%。口部含锑均值 0.02%。

清宫旧藏

Copper censer with lion-shaped handles and
animal-shaped feet, with inscription "Da Ming
Xuande nian zhi"

Middle Qing dynasty

Height 7 cm, mouth diameter 10.5 cm, weight 0.438 kg

Average content of zinc 16.34%. Mouth: average content of
antimony 0.02%.

Originally collected in the Qing Palace

深盆式，上半部逐渐外侈，三兽足。双狮耳为插接式。器内壁留有插耳的穿钉痕迹和一周竖向的铲痕。器外底有减地阳文3列6字楷书"大明宣德年制"。铸款。

此器原藏钦安殿，钦安殿是故宫仅存的明代道教建筑，史料记载清代仅添加了个别塑像，内部陈设和器皿至今未有大的改动。以前曾将这种侈口狮耳兽足炉的造型作为明代宣铜器的参照标准，但是插耳、纵向剔痕结合旋转痕是典型的清代工艺，可见钦安殿在清代不仅添加了塑像，还有铜炉等用具。

备注：秋字四六号，原藏钦安殿。

083

大明宣德年制款狮耳衔环圈足长方盖炉
清中期
通高 27 厘米　口径 21.2×17.5 厘米
含锌均值 16.02%。口沿含锑 0.02%。盖含锌均值 18.85%。
内底含银均值 0.03%。
清宫旧藏

Copper rectangular lidded censer with lion-shaped handles holding rings in the mouths and ringfoot, with inscription "Da Ming Xuande nian zhi"
Middle Qing dynasty
Overall height 27 cm, mouth diameter 21.2×17.5 cm
Average content of zinc 16.02%. Rim: antimony 0.02%. Lid: average content of zinc 18.85%. Inner bottom: average content of silver 0.03%.
Originally collected in the Qing Palace

圆角长方式，圈足，有盖。盖镂空饰双龙凤纹、云纹。盖钮为云龙造型，龙鎏金。腹饰龙纹、海兽纹及海水纹。鎏金狮耳衔环。圈足饰鎏金莲瓣纹。纹饰繁缛但层次分明，动物表情生动。所有纹饰均为在铸造的基础上再雕刻细节，刀工精湛，技艺高超。器外底有减地阳文3列6字楷书"大明宣德年制"。铸款，不甚精。

备注：留平58167。

084

大明宣德年制款兽耳衔环圈足长方盖炉

清中期

通高 38.5 厘米　口径 22.3×18.6 厘米

器含锌均值 14.57%。盖含锌均值 33.97%，含银 1.47%。

底座含锌均值 16.39%，含锑 0.2%。

清宫旧藏

Copper rectangular lidded censer with animal-shaped handles holding rings in the mouths and ring foot, with inscription "Da Ming Xuande nian zhi"

Middle Qing dynasty

Overall height 38.5 cm, mouth diameter 22.3×18.6 cm

Average content of zinc 14.57%. Lid: average content of zinc 33.97%, silver 1.47%. Pedestal: average content of zinc 16.39%, antimony 0.2%.

Originally collected in the Qing Palace

　　圆角长方式，兽耳衔环，圈足。有盖，盖饰镂空龙凤纹、云纹，盖钮饰莲瓣纹，边饰回纹，顶饰蟠龙纹。腹正面饰双龙戏珠纹，辅以海兽及海水纹。圈足饰莲瓣纹。通体鎏金。器外底有减地阳文3列6字楷书"大明宣德年制"。铸款，局部有刀修痕，字体雄浑庄重。附四足底座，底座饰莲瓣纹。

　　备注：菜字四八二号，原藏遂初堂或延趣楼、萃赏楼、三友轩、抑斋。

085

大明宣德年制款狮耳衔环海棠形盖炉
清中期
通高 33 厘米　口径 23.5×19 厘米
含锌均值 26.69%。盖含锌均值 27.16%。底座含锌均值 22.21%。
足部含锑 0.2%。
清宫旧藏

Copper begonia-shaped lidded censer with
lion-shaped handles holding rings in the mouths,
with inscription "Da Ming Xuande nian zhi"
Middle Qing dynasty

Overall height 33 cm, mouth diameter 23.5×19 cm
Average content of zinc 26.69%. Lid: average content of
zinc 27.16%. Pedestal: average content of zinc 22.21%. Foot:
antimony 0.2%.
Originally collected in the Qing Palace

海棠式，鎏金狮耳衔环，圈足，有盖。盖饰
镂空双龙凤及云纹。盖钮饰鎏金莲瓣纹，边饰
鎏金回纹，顶为鎏金莲子式。腹饰龙凤纹、海马
纹、海兽纹及海水纹。圈足饰莲瓣纹。附四云足
底座，上饰莲瓣纹。器外底有减地阳文3列6字
楷书"大明宣德年制"。铸款，其中"年""制"二
字未铸好。

本器纹饰最精彩的部分集中在腹部，雕刻
极为精湛，一丝不苟。

备注：咸字一〇七号，原藏寿皇殿。

086

大明宣德年制款狮耳兽吞足长方炉

清中期
高 44 厘米　口边长 21.6 厘米　口边宽 17.3 厘米
含锌均值 16.01%。口沿含银 0.01%。
清宫旧藏

Copper rectangular censer with lion-shaped
handles and animal-shaped feet, with inscription
"Da Ming Xuande nian zhi"
Middle Qing dynasty
Height 44 cm, mouth length 21.6 cm, mouth width 17.3 cm
Average content of zinc 16.01%. Rim: silver 0.01%.
Originally collected in the Qing Palace

长方式，口平侈，束颈。鎏金双狮耳附于口
边及器腹，兽吞式长足中空。口边饰回纹。肩部
饰鎏金莲瓣纹。器腹左右两侧对饰鎏金双狮戏
球纹。器外底有减地阳文3列6字楷书"大明宣德
年制"。铸款，漂亮。
　　备注：留平58149。

087

大明宣德年制款狮耳柱足炉

清中晚期
高 19.5 厘米　口径 11.2 厘米　重 1.517 千克
含锌均值 21.69%，含锑均值 0.03%。
清宫旧藏

Copper censer with lion-shaped handles and
columnar feet, with inscription "Da Ming
Xuande nian zhi"
Middle and late Qing dynasty
Height 19.5 cm, mouth diameter 11.2 cm, weight 1.517 kg
Average content: zinc 21.69%, antimony 0.03%.
Originally collected in the Qing Palace

鼎式，狮耳，束颈，三柱足较高，足内空。器表饰点金。器外底有减地阳文3列6字楷书"大明宣德年制"。刻款，粗糙。附紫檀木盖，上有灵芝形玉盖纽。

此器的整体造型应属仿古彝器类，唯狮耳与鼎式不合，故划归于此。

备注：水字二三六号，原藏太极殿。

088

大明宣德年制款龙耳海棠式盖炉

清中期
通高 19 厘米　腹径 24.6×17.5 厘米　重 2.611 千克
盖、器含锌均值 17.1%，含锑均值 0.04%。
清宫旧藏

Copper begonia-shaped lidded censer with
dragon-shaped handles and four feet, with
inscription "Da Ming Xuande nian zhi"
Middle Qing dynasty
Overall height 19 cm, belly diameter 24.6×17.5 cm, weight
2.611 kg
Average content (censer and lid): zinc 17.1%, antimony 0.04%.
Originally collected in the Qing Palace

海棠式炉，双龙耳。主体纹饰为蟠螭纹。
盖随器形分为四瓣，饰镂空蟠螭纹，盖钮顶饰
镂空的蟠龙纹。器外底有减地阳文3列6字楷书
"大明宣德年制"。铸款，有刀修痕。
　　备注：钜字二八七号，原藏养性殿。

089

宣德年制款夔凤耳云足长方炉

清中期
高 32.2 厘米　口径 23.7×19.8 厘米
含锌均值 14.16%。耳部含银均值 0.11%。
清宫旧藏

Copper rectangular copper censer with *kui*-phoenix-shaped handles, with inscription "Xuande nian zhi"

Middle Qing dynasty
Height 32.2 cm, mouth diameter 23.7×19.8 cm
Average content of zinc 14.16%. Handles: average content of silver 0.11%.
Originally collected in the Qing Palace

圆角长方式，口平侈，束颈，双夔凤耳较大，堆云形四足。耳、足鎏金。口边、器底边饰鎏金回纹，周身饰阳文百"寿"。器外底有减地阳文2列4字楷书"宣德年制"。铸款，颇雅致。
　　备注：留58165。

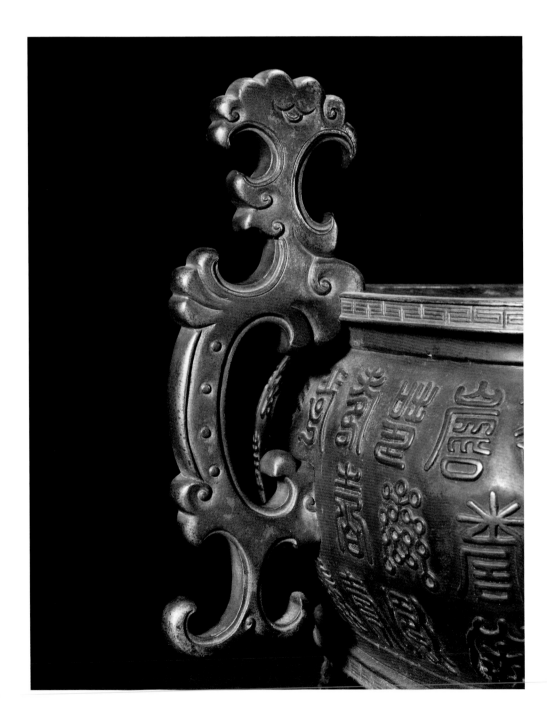

大明宣德年制款夔凤耳竹节足长方炉

清中期
高 26.8 厘米　口径 23.8×20 厘米
含锌均值 13.44%，含锑均值 0.16%。
清宫旧藏

Copper rectangular copper censer with *kui*-
phoenix-shaped handles, with inscription
"Da Ming Xuande nian zhi"
Middle Qing dynasty
Height 26.8 cm, mouth diameter 23.8×20 cm
Average content: zinc 13.44%, antimony 0.16%.
Originally collected in the Qing Palace

圆角长方式，口平侈，束颈，双夔凤耳较大，四足。口边、器底边和四足均为竹节式。腹满饰夔龙纹。器外底有减地阳文3列6字楷书"大明宣德年制"。铸款，字体敦厚、大气，是典型的榜书字体。

备注：阙字一〇五〇号，原藏寿安宫。

091

大明宣德年制款象耳象足炉
清中期
高 19.6 厘米　口径 18.3 厘米
含锌均值 16.52%，含锑均值 0.11%。耳部含银均值 0.06%。
足底含银均值 0.01%。
清宫旧藏

Copper censer with elephant-shaped handles
and feet, with inscription "Da Ming Xuande
nian zhi"
Middle Qing dynasty
Height 19.6 cm, mouth diameter 18.3 cm
Average content: zinc 16.52%, antimony 0.11%. Handles:
average content of silver 0.06%. Feet: average content of
silver 0.01%.
Originally collected in the Qing Palace

炉式，直口，象首耳。口沿饰回纹，腹部满
饰凸起宝相花。三象鼻足中空。器形夸张，构思
大胆。器外底有减地阳文3列6字楷书"大明宣德
年制"。铸款，字体规矩、庄重。

备注：翻字一二〇号，原藏皇极殿东庑。

092

大明宣德年制款象耳象足盖炉

清中期

通高 16.2 厘米　口径 11 厘米

含锌均值 19.27%。耳部含银 0.02%。盖含锑 0.04%。

文联局调拨的收购文物

Copper lidded censer with elephant-shaped handles and feet, with inscription "Da Ming Xuande nian zhi"

Middle Qing dynasty

Overall height 16.2 cm, mouth diameter 11 cm

Average content of zinc 19.27%. Handles: silver 0.02%. Lid: antimony 0.04%.

Allocated by Bureau of Literary and Art Circles Federation

炉式，直口，象首耳。腹部满饰凸起宝相花，三象鼻足中空。有盖，盖顶镂空，象形盖钮较大。器形夸张，构思大胆。口下有减地阳文单行6字楷书"大明宣德年制"。铸款。

本器铭款位置在口沿下，而非常见的器外底。《宣德彝器图谱》卷十九所载之"补铸朝天耳深腹鼎""补铸蟠螭云雷侈口鼎"的铭款位置即如此。

093

大明宣德年制款象耳圈足炉
清中晚期
高 5.8 厘米　口径 10.5 厘米　重 0.571 千克
含锌均值 26.73%，含银均值 0.01%。
清宫旧藏

Copper censer with elephant-shaped handles
and ringfoot, with inscription "Da Ming
Xuande nian zhi"
Middle and late Qing dynasty
Height 5.8 cm, mouth diameter 10.5 cm, weight 0.571 kg
Average content: zinc 26.73%, silver 0.01%.
Originally collected in the Qing Palace

象耳，鼻部较长。圈足外撇。器外底有减地阳文3列6字楷书"大明宣德年制"。铸款，有刀修痕。

象耳炉是常见的式样，《宣德彝器图谱》卷十三所载之"象首大彝炉"即如此。

备注：留平58196。

094

大明宣德年制款兽耳圈足炉
清中期
高 5.1 厘米　口径 8.1 厘米　重 0.221 千克
含锌均值 17.19%。
清宫旧藏

Copper censer with animal-shaped handles
and ringfoot, with inscription "Da Ming
Xuande nian zhi"
Middle Qing dynasty
Height 5.1 cm, mouth diameter 8.1 cm, weight 0.221 kg
Average content of zinc 17.19%.
Originally collected in the Qing Palace

簋式，圈足，口部微外撇。铜本色。器外底有减地阳文3列6字楷书"大明宣德年制"。铸款，无刀修痕，地子干净整齐。

备注：吕字三八五八号，原藏养心殿。

大明宣德年制款朝冠耳兽足炉

清中期
高6厘米　口径7.7厘米　重0.272千克
含锌均值15.27%，含银均值0.07%，含锑均值0.04%。
清宫旧藏

Copper censer with court-hat-shaped handles
and animal-shaped feet, with inscription "Da
Ming Xuande nian zhi"

Middle Qing dynasty
Height 6 cm, mouth diameter 7.7 cm, weight 0.272 kg
Average content: zinc 15.27%, silver 0.07%, antimony 0.04%.
Originally collected in the Qing Palace

圆鼎形，朝冠耳，束颈，三兽足外包三分之二状，内空。器外底有减地阳文3列6字楷书"大明宣德年制"。刻款，刀法凌乱不堪。足外侧有纵横向的刮削痕。附黄条："常山峪小铜香炉。"

清宫旧藏器中，宣德款的朝冠耳炉只有三件，较之冲耳炉实在不成比例。这三件朝冠耳铜炉在工艺上有个共同点，就是它们的足都是内空的。此器腿足内侧部分没有合缝，留有约3毫米的空隙，这种情况在明代宣铜器上会有出现。

康熙二十年（1681年），平定三藩之乱后，

康熙率领八旗军北巡。在北巡过程中寻求"习武绥远"的固定狩猎场所，被选中的就是木兰围场。因木兰围场距京师遥远，朝廷一干大小官员前去秋猎非常不便，所以从康熙四十年至乾隆年间陆续建了一些行宫，常山峪即其中一座。档案中相应的记载有很多，如"乾隆六年辛酉八月癸巳朔，上围之，甲午亦如之。是日，驻常山峪"（《大清高宗纯皇帝实录》卷一百四十六）。

备注：留平58159，原藏常山峪行宫。

096

大明宣德年制款朝冠耳兽足炉

清中期

高 10 厘米　口径 10.5 厘米　重 0.812 千克

含锌均值 16.61%。耳部含银 0.09%，含锑 0.09%。

清宫旧藏

Copper censer with court-hat-shaped handles and animal-shaped feet, with inscription "Da Ming Xuande nian zhi"

Middle Qing dynasty

Height 10 cm, mouth diameter 10.5 cm, weight 0.812 kg

Average content of zinc 16.61%. Handles: silver 0.09%, antimony 0.09%.

Originally collected in the Qing Palace

圆形，三兽足内空。颈饰六个圆涡纹。朝冠耳内卷，饰弦纹。器外底有减地阳文3列6字楷书"大明宣德年制"。刻款，字体不佳。

此炉和下一件炉的朝冠耳上部是内卷的，而非常见的外翻，这种情况不多见。

备注：余字一四七二号，原藏敦本殿或毓庆宫。

大明宣德年制款朝冠耳兽足炉

清中期
高 13.3 厘米　口径 15.1 厘米　重 1.732 千克
含锌均值 19.62%，含锑均值 0.06%。耳、腹部含银各 0.01%。
清宫旧藏

圆形，三兽足内空。颈对饰双兽捧团"寿纹。朝冠耳内卷，饰弦纹。器外底呈圈足状，中心有减地阳文3列6字楷书"大明宣德年制"。铸款。

备注：剑字五六号，原藏乐寿堂。

Copper censer with court-hat-shaped handles and animal-shaped feet, with inscription "Da Ming Xuande nian zhi"

Middle Qing dynasty
Height 13.3 cm, mouth diameter 15.1 cm, weight 1.732 kg
Average content: zinc 19.62%, antimony 0.06%. Handles and belly: silver 0.01%.
Originally collected in the Qing Palace

大明宣德年制款圆鼎式盖炉
明晚期
通高 19.4 厘米　口径 14.2 厘米　重 1.617 千克
含锌均值 5.1%。
1958年捐赠

Copper *ding* (cooking vessel)-shaped round lidded
censer with inscription "Da Ming Xuande nian zhi"
Late Ming dynasty
Overall height 19.4 cm, mouth diameter 14.2 cm, weight 1.617 kg
Average content of zinc 5.1%.
Donated in 1958

圆鼎形，扁足。铜本色。盖镂空饰龙纹、寿
字纹。器外底有减地阳文3列6字楷书"大明宣
德年制"。铸款，台阁体。

099

大明宣德年造款圆鼎式炉

明晚期

高 10 厘米　口径 11.2 厘米　重 0.728 千克
含锌均值 7.86%，含锑均值 0.04%，含银均值 0.02%。
1959年收购

Copper *ding*-shaped round censer with
inscription "Da Ming Xuande nian zhi"

Late Ming dynasty

Height 10 cm, mouth diameter 11.2 cm, weight 0.728 kg
Average content: zinc 7.86%, antimony 0.04%, silver 0.02%.
Purchased in 1959

鼎式，三兽足。颈部饰变形回纹、弦纹，足上饰变形花蕊纹。器外底有单列6字楷书"大明宣德年造"；3列6字楷书"金篆大醮坛用"。铸款，不精，字形也不好。附木盖。

此炉造型古朴雅致，颇具明代器物的风韵。"金篆大醮坛用"款值得深入研究。道家斋醮有金篆、银篆、铜篆之分，金篆等级最高，除了超度外，还包含有延寿受生等内容。元仁宗延祐三年（1316年），39代天师张嗣成曾奉诏进京，主持金篆大醮。明代金篆大醮坛一般为皇家所用，嘉靖时常举办这样的道场，其使用的"金篆大醮坛用"款坛盏也最为著名。《长物志》："宣庙有尖足茶盏，料精式雅，质厚难冷，洁白如玉，可试茶色，盏中第一。世庙有坛盏，中有茶汤果酒，后有'金篆大醮坛用'等字样，亦佳。"所以，其"金篆大醮坛用"款器应该是官造，而且是皇帝祭祀专用器皿。英国大英博物馆出版的有关堂名款瓷器著作中也有此类器物。但是一切有关"金篆大醮坛用"款的记载都指向嘉靖时期，实未见其他。本器还具"大明宣德年造"款，根据对器物的分析，伪托款的可能性很大。

100

宣德年制款圆鼎式炉

清中期

高 24 厘米　口径 17.9 厘米

含锌均值 14.7%。

清宫旧藏

———

Copper *ding*-shaped round censer with
inscription "Xuande nian zhi"

Middle Qing dynasty

Height 24 cm, mouth diameter 17.9 cm

Average content of zinc 14.7%.

Originally collected in the Qing Palace

双立耳, 下腹圜收, 三柱足。上腹部饰一周
弦纹。通体枣皮红色皮色。器外底有减地阳文1
行4字篆书"宣德年制"。铸款, 精致。款周匝饰
逶迤二龙。

备注 : 留平58150。

101

宣款绳耳圆鼎式炉

清中期

高 5.8 厘米　口径 4.6 厘米

含锌均值 20.48%。

清宫旧藏

———

Copper *ding*-shaped censer with rope-shaped
handles, with inscription "Xuande nian zhi"

Middle Qing dynasty

Height 5.7 cm, mouth diameter 4.6 cm

Average content of zinc 20.48%.

Originally collected in the Qing Palace

口外侈, 束颈, 鼓腹, 绳耳, 柱足略尖。器
外底有阴文单字楷书"宣"字。铸款, 结构大气,
笔道有力度。附紫檀木盖, 上饰葫芦形玉钮。

单字"宣"字款宣铜器, 在清宫旧藏器中很
少见。

备注: 吕字一六八六号, 原藏养心殿。

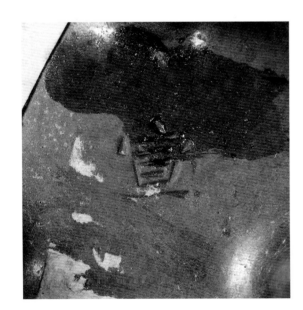

102

大明宣德年制款圆鼎式炉

清中晚期

高 9.5 厘米　口径 9.8 厘米

含锌均值 22.23%。底部含锑均值 0.19%。

清宫旧藏

Copper *ding*-shaped round censer with inscription "Da Ming Xuande nian zhi"

Middle and late Qing dynasty

Height 9.5 cm, mouth diameter 9.8 cm

Average content of zinc 22.23%. Bottom: average content of antimony 0.19%.

Originally collected in the Qing Palace

圆形，双立耳，有肩，三兽蹄足。肩下饰两周弦纹，弦纹中夹饰勾云纹。器外底有减地阳文 3 列 6 字楷书"大明宣德年制"，款旁另有双列纵款"工部员外臣李澄德监造"。铸款，字形难看。附木瓶、木盒、铜匙、铜箸。

备注：留平 58288。

103

大明宣德年制款量式炉

清中期

高 6.9 厘米　口径 10.6 厘米　重 0.524 千克

含锌均值 17.02%。

清宫旧藏

Copper *liang* (grain measure)-shaped censer with inscription "Da Ming Xuande nian zhi"

Middle Qing dynasty

Height 6.9 cm, mouth diameter 10.6 cm, weight 0.524 kg

Average content of zinc 17.02%.

Originally collected in the Qing Palace

无耳，三兽足。器外上中下各间饰两周弦纹。器外底有减地阳文3列6字楷书"大明宣德年制"。铸款，字口切削痕实为蜡模上留下的刀痕。牙雕盖，饰云蝠纹，边饰夔龙纹和团寿纹，盖钮为灵芝形玛瑙。附云足铜座。

备注：出字二〇三号，原藏寿康宫。

104

大明宣德年制款簋式炉

清中晚期

高 7.9 厘米　口径 10.7 厘米　重 0.604 千克

含锌均值 21.76%，含锑均值 0.22%。口沿含银 0.05%。

清宫旧藏

Copper *gui* (grain receptacle)-shaped censer
with inscription "Da Ming Xuande nian zhi"

Middle and late Qing dynasty

Height 7.9 cm, mouth diameter 10.7 cm, weight 0.604 kg

Average content: zinc 21.76%, antimony 0.22%. Rim: content
of silver 0.05%.

Originally collected in the Qing Palace

兽吞耳，圈足。口下饰云纹，底边饰莲瓣纹。器外底有减地阳文3列6字楷书"大明宣德年制"。铸款，不精，从留下的蜡模刀修痕来看，"德"字双人旁第二撇、"明"字月字边一撇的起笔都修饰得太过尖锐，甚至"大"字横撇间的一刀还伤断了笔道。附紫檀兽面纹木座，下具五矮足。

备注：留平58208。

105

大明宣德年制款凤耳圈足炉
清中晚期
高 9.2 厘米　口径 8.9 厘米　重 0.785 千克
含锌均值 29.95%。耳部含银 0.01%。
1966年捐赠

Copper censer with phoenix-shaped handles
and ringfoot, with inscription "Da Ming
Xuande nian zhi"
Middle and late Qing dynasty
Height 9.2 cm, mouth diameter 8.9 cm, weight 0.785 kg
Average content of zinc 29.95%. Handles: content of silver
0.01%.
Donated in 1966

圆罐形，直口，异形耳似凤或天鸡，圈足。
铜本色。器外底有减地阳文3列6字楷书"大明宣
德年制"。铸款，不精。

此件与件106、件111为同一人捐赠，其中
此件和件111曾被拟定为宣德器。故字号宣铜
器中没有类似器，只有件142大清乾隆年制款
凤耳瓶的凤耳可作横向对比。

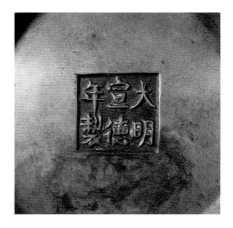

106

大明宣德年制款凤耳圈足炉
清中晚期
高 14 厘米　口径 12.3 厘米　重 1.917 千克
含锌均值 29.95%。耳部含银 0.01%。
1966年捐赠

Copper censer with phoenix-shaped handles
and ringfoot, with inscription "Da Ming
Xuande nian zhi"

Middle and late Qing dynasty
Height 14 cm, mouth diameter 12.3 cm, weight 1.917 kg
Average content of zinc 29.95%. Handles: content of silver
0.01%.
Donated in 1966

桶式，凤耳，高圈足。铜本色。双凤耳镂
空，纹饰极精。器外底有减地阳文3列6字楷书
"大明宣德年制"。铸款，字形颇具沈度法书
意味。

108

大明宣德年制款筒式炉

清中期
高10.1厘米　口径12.8厘米　重0.960千克
含锌均值19.4%，含银均值0.03%，含锑均值0.48%。
清宫旧藏

Copper cylindrical censer with inscription "Da Ming Xuande nian zhi"

Middle Qing dynasty
Height 10.1 cm, mouth diameter 12.8 cm, weight 0.960 kg
Average content: zinc 19.4%, silver 0.03%, antimony 0.48%.
Originally collected in the Qing Palace

筒式，三云足。枣皮红色皮色。器外底有减地阳文3列6字楷书"大明宣德年制"。铸款，颇精致。

此器和件109、件110形制比较接近，但局部特征鲜明。

备注：吕字五三五号，原藏养心殿。

107

大明宣德年制款筒式炉

清中期
高 7.3 厘米　口径 8.2 厘米　重 0.303 千克
含锌均值 14.71%。底部含锑 0.02%。
清宫旧藏

Copper barrel-shaped censer with inscription
"Da Ming Xuande nian zhi"
Middle Qing dynasty
Height 7.3 cm, mouth diameter 8.2 cm, weight 0.303 kg
Average content of zinc 14.71%. Bottom: average content
of antimony 0.02%.
Originally collected in the Qing Palace

筒式，上半部逐渐外侈，近足处饰一周阴
刻弦纹。双耳，三足。耳、足为兽状，形态抽象。
铜本色，局部灿若鎏金。器外底有减地阳文3列
6字楷书"大明宣德年制"。铸款。

备注：养字四二六号。

108

大明宣德年制款筒式炉
清中期
高 10.1 厘米　口径 12.8 厘米　重 0.960 千克
含锌均值 19.4%，含银均值 0.03%，含锑均值 0.48%。
清宫旧藏

Copper cylindrical censer with inscription "Da Ming Xuande nian zhi"

Middle Qing dynasty
Height 10.1 cm, mouth diameter 12.8 cm, weight 0.960 kg
Average content: zinc 19.4%, silver 0.03%, antimony 0.48%.
Originally collected in the Qing Palace

筒式，三云足。枣皮红色皮色。器外底有减地阳文3列6字楷书"大明宣德年制"。铸款，颇精致。

此器和件109、件110形制比较接近，但局部特征鲜明。

备注：吕字五三五号，原藏养心殿。

109

宣德年制款筒式炉

清中晚期
高 8.8 厘米　口径 10.8 厘米　重 0.640 千克
含锌均值 4.23%，含锑均值 0.03%。口沿含银 0.03%。
清宫旧藏

Copper cylindrical censer with inscription
"Xuande nian zhi"

Middle and late Qing dynasty
Height 8.8 cm, mouth diameter 10.8 cm, weight 0.640 kg
Average content: zinc 4.23%, antimony 0.03%. Rim: content
of silver 0.03%.
Originally collected in the Qing Palace

筒式，口沿向内平折，隐起三足。周身光
素。器外底有减地阳文2列4字楷书"宣德年
制"。铸款。附木瓶、木盒、铜匙、铜箸。
　　备注：留平58285。

110

大明宣德年制款筒式炉

清晚期
高 7.3 厘米　口径 10.7 厘米
含锌均值 31.44%，含银均值 0.03%。
清宫旧藏

Copper cylindrical censer with inscription
"Da Ming Xuande nian zhi"
Late Qing dynasty
Height 7.3 cm, mouth diameter 10.7 cm
Average content: zinc 31.44%, silver 0.03%.
Originally collected in the Qing Palace

筒式，口沿向内平折，倒"凸"字形足。器外底有减地阳文3列6字楷书"大明宣德年制"。铸款，不精。附木瓶、木盒、铜匙、铜箸。

备注：留平58205。

大明宣德年制款兽耳云足炉

清中期
高 9 厘米　口径 10.4 厘米　重 0.876 千克
含锌均值 13.81%，含银均值 0.02%。
1966 年捐赠

Copper censer with animal-shaped handles
and cloud-shaped feet, with inscription "Da
Ming Xuande nian zhi"

Middle Qing dynasty
Height 9 cm, mouth diameter 10.4 cm, weight 0.876 kg
Average content: zinc 13.81%, silver 0.02%.
Donated in 1966

圆罐形，直口，中腹略鼓，兽耳衔环，三云
足。器表从上自下饰宽弦纹。插耳，器内部可看
到穿钉痕迹。铜本色。器外底有减地阳文3列6
字楷书"大明宣德年制"。铸款，笔道纤细，字体
秀气。

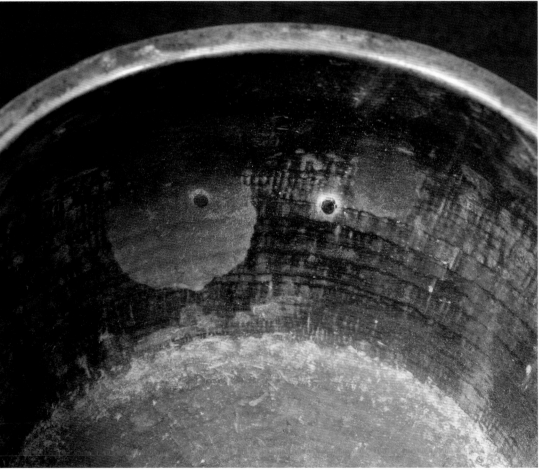

112

宣德年制款钵式炉
清中期
高 28 厘米　口径 29.4 厘米
含锌均值 13.94%。下腹部含锑 0.04%。
清宫旧藏

Copper alms-bowl-shaped censer with
inscription "Xuande nian zhi"
Middle Qing dynasty
Height 28 cm, mouth diameter 29.4 cm
Average content of zinc 13.94%. Lower belly: content of
antimony 0.04%.
Originally collected in the Qing Palace

中型器。口缘起唇边，平底。枣皮红色皮
色，皮色均匀。器外底有减地阳文1行4字篆书
"宣德年制"。铸款，精美，字体规矩，笔道匀称。
　　备注：留平58144。

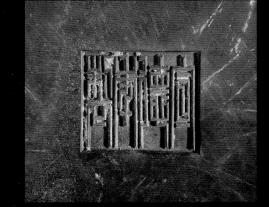

113

宣德年制款钵式炉

清中期

通高 36 厘米　口径 29.3 厘米

含锌均值 15.3%。口沿含锑 0.05%。底座含锌均值 29.41%。

清宫旧藏

Copper alms-bowl-shaped censer with inscription "Xuande nian zhi"

Middle Qing dynasty

Overall height 36 cm, mouth diameter 29.3 cm

Average content of zinc 15.3%. Rum: content of antimony 0.05%. Pedestal: average content of zinc 29.41%.

Originally collected in the Qing Palace

大型器。口缘起一周圆凸。枣皮红色皮色。器外底有减地阳文1行4字篆书"宣德年制"。铸款。附五云足铜座。

备注：成字四四号，原藏斋宫。

114

宣德年制款钵式炉
清中期
通高 39 厘米　口径 31.3 厘米
含锌均值 14.09%。底座含锌均值 31.61%。
清宫旧藏

Copper alms-bowl-shaped censer with
inscription "Xuande nian zhi"
Middle Qing dynasty
Overall height 39 cm, mouth diameter 31.3 cm
Average content of zinc 14.09%. Pedestal: average content of
zinc 31.61%.
Originally collected in the Qing Palace

大型器。器壁厚重，口缘起圆唇，内凹底
形成圈足效果。枣皮红色皮色。器外底有减地
阳文1行4字篆书"宣德年制"。铸款。附云形
五足铜座。

备注：渡字四〇四号，原藏宁寿门外东院。

115

大明宣德年制款钵式炉

清中期
高 6.1 厘米　口径 8.2 厘米　重 0.409 千克
含锌均值 12.68%。底部含锑均值 0.19%。
清宫旧藏

Copper alms-bowl-shaped censer with
inscription "Da Ming Xuande nian zhi"
Middle Qing dynasty
Height 6.1 cm, mouth diameter 8.2 cm, weight 0.409 kg
Average content of zinc 12.68%. Botttom: average content of
antimony 0.19%.
Originally collected in the Qing Palace

口有小圆唇边，底内凹。栗壳色皮色。器外底有减地阳文3列6字楷书"大明宣德年制"。铸款，有刀修痕。

底内凹，疑是铸造时铜液冷却过程中因塌缩而造成的现象。

备注：丽字八八五－2号，原藏古董房。

宣德年制款钵式炉

清晚期

高 12.3 厘米　口径 11.6 厘米　重 1.399 千克

含锌均值 30.68%。腹部含银 0.01%。底部含锑 0.14%。

1966年捐赠

———

Copper alms-bowl-shaped censer with inscription "Xuande nian zhi"

Late Qing dynasty

Height 12.3 cm, mouth diameter 11.6 cm, weight 1.399 kg

Average content of zinc 30.68%. Belly: content of silver 0.01%.

Bottom: content of antimony 0.14%.

Donated in 1966

钵式，但接近球形，隐式圈足。口缘有小圆唇边，其上色彩流动，变幻无常。表面有枣皮红色皮色，其下斑铜材质。器外底有减地阳文1行4字篆书"宣德年制"。铸款，留有较明显的蜡模修痕。

器外表像是平底器，看不出有圈足，实则底部上提，腹壁下延形成隐式圈足。这与件115底部塌缩形成的圈足效果，完全不是一回事。铸款虽然与故字号钵式炉件112、件113、件114类似，但是笔道明显偏软，不如旧藏器款显得直硬。另外新字号钵式炉约有一半器物带有金饰，这一点与旧藏钵式炉也有着明显区别。

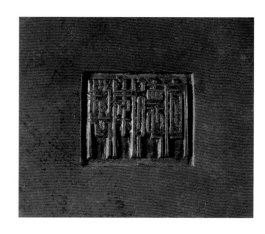

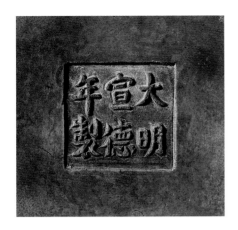

117

大明宣德年制款兽耳衔环钵式炉
清中期
高 7.3 厘米　口径 7.5 厘米　重 0.439 千克
含锌均值 17.12%，含锑均值 0.06%。耳部含银 0.01%。
清宫旧藏

Copper alms-bowl-shaped censer with animal-
shaped handles holding rings in the mouths,
with inscription "Da Ming Xuande nian zhi"
Middle Qing dynasty
Height 7.3 cm, mouth diameter 7.5 cm, weight 0.439 kg
Average content: zinc 17.12%, antimony 0.06%. Handles:
content of silver 0.01%.
Originally collected in the Qing Palace

圆形，兽耳衔环，平底。铜本色。器外底有减地阳文3列6字楷书"大明宣德年制"。铸款，有刀修痕。附云足木座。

备注：露字一一七号，原藏敬事房。

大明宣德年制款蝶耳方斗式炉

清中晚期

高 6 厘米　长 10.8 厘米　宽 10.8 厘米　重 0.438 千克

含锌均值 24.44%。底部含锑 0.01%。

清宫旧藏

Copper *dou* (grain measure)-shaped square censer with butterfly-shaped handles, with inscription "Da Ming Xuande nian zhi"

Middle and late Qing dynasty

Height 6 cm, length 10.8 cm, width 10.8 cm, weight 0.438 kg

Average content of zinc 24.44%. Bottom: average content of antimony 0.01%.

Originally collected in the Qing Palace

方斗形器，蝶耳，四云足。器外底有减地阳文3列6字楷书"大明宣德年制"。铸款，笔道憨厚。

备注：剑字五六—28号，原藏乐寿堂。

119

大明宣德年制款蚰龙耳台几式炉
清中期
高 10 厘米　长 12.2 厘米　宽 8.6 厘米
含锌均值 16.33%，含锑均值 0.04%。
清宫旧藏

Copper table-shaped censer with
youlong handles, with inscription "Da
Ming Xuande nian zhi"
Middle Qing dynasty
Height 10 cm, length 12.2 cm, width 8.6 cm
Average content: zinc 16.33%, antimony 0.04%.
Originally collected in the Qing Palace

蚰龙耳，四方足中空。光素。器外底有减地
阳文1行4字楷书"大明宣德年制"。铸款，虽不
甚精，但字形峭拔，笔道有力度。
备注：潜字五二号，原藏敬事房。

120

大明宣德年制款石榴式炉

清中期
高14厘米　口径9.5厘米
含锌均值11.84%。内口含银均值0.01%。
清宫旧藏

Copper pomegranate-shaped censer with
inscription "Da Ming Xuande nian zhi"
Middle Qing dynasty
Height 14 cm, mouth diameter 24.5 cm
Average content of zinc 11.84%. Inner mouth: average content
of silver 0.01%.
Originally collected in the Qing Palace

石榴形，底略内凹。器表有洒金装饰，一侧腹部开光处饰石榴籽。器外底有减地阳文3列6字楷书"大明宣德年制"。铸款。

宋荦《西坡类稿》"记宣铜炉二则"："连水之叔逸圃，以二百缗购石榴炉，以百缗购此。国初转归江都李书云，康熙己卯冬书云辍此见赠，爰著其流传之概，以示后云。"

备注：留平128064。

121

大明宣德年制款三羊瓶

清中期

高 14.4 厘米　口径 5 厘米

含锌均值 18.04%。底部含银均值 0.02%。腹部含锑 0.01%。

清宫旧藏

Copper vase with three goats, with inscription
"Da Ming Xuande nian zhi"

Middle Qing dynasty

Height 14.4 cm, mouth diameter 5 cm

Average content of zinc 18.04%. Bottom: average content of
silver 0.02%. Belly: content of antimony 0.01%.

Originally collected in the Qing Palace

瓶式，口有立沿，长颈，有肩，腹鼓下收，
圈足。肩饰三个鎏金羊（现存二羊）。器外底有
减地阳文3列6字楷书"大明宣德年制"。铸款，
不精。器底为后接底。

备注：丽字七三五－8号，原藏古董房。

122

宣德年制款龙耳兽足尊

清中期
高 38 厘米　口径 21.4 厘米
含锌均值 13.98%。
清宫旧藏

Copper *zun* (wine vessel) with dragon-shaped handles and animal-shaped feet, with inscription "Xuande nian zhi"
Middle Qing dynasty
Height 38 cm, mouth diameter 21.4 cm
Average content of zinc 13.98%.
Originally collected in the Qing Palace

大口，长颈，鼓腹，龙耳，三兽足。腹鼓处饰三狮耳衔如意环。器外底有单框阴文2列4字篆书"宣德年制"。铸款，三兽足或为狻猊形象，形似狮，传说性好烟火，故常被用于佛座或香炉的脚部。

备注：留平58141。

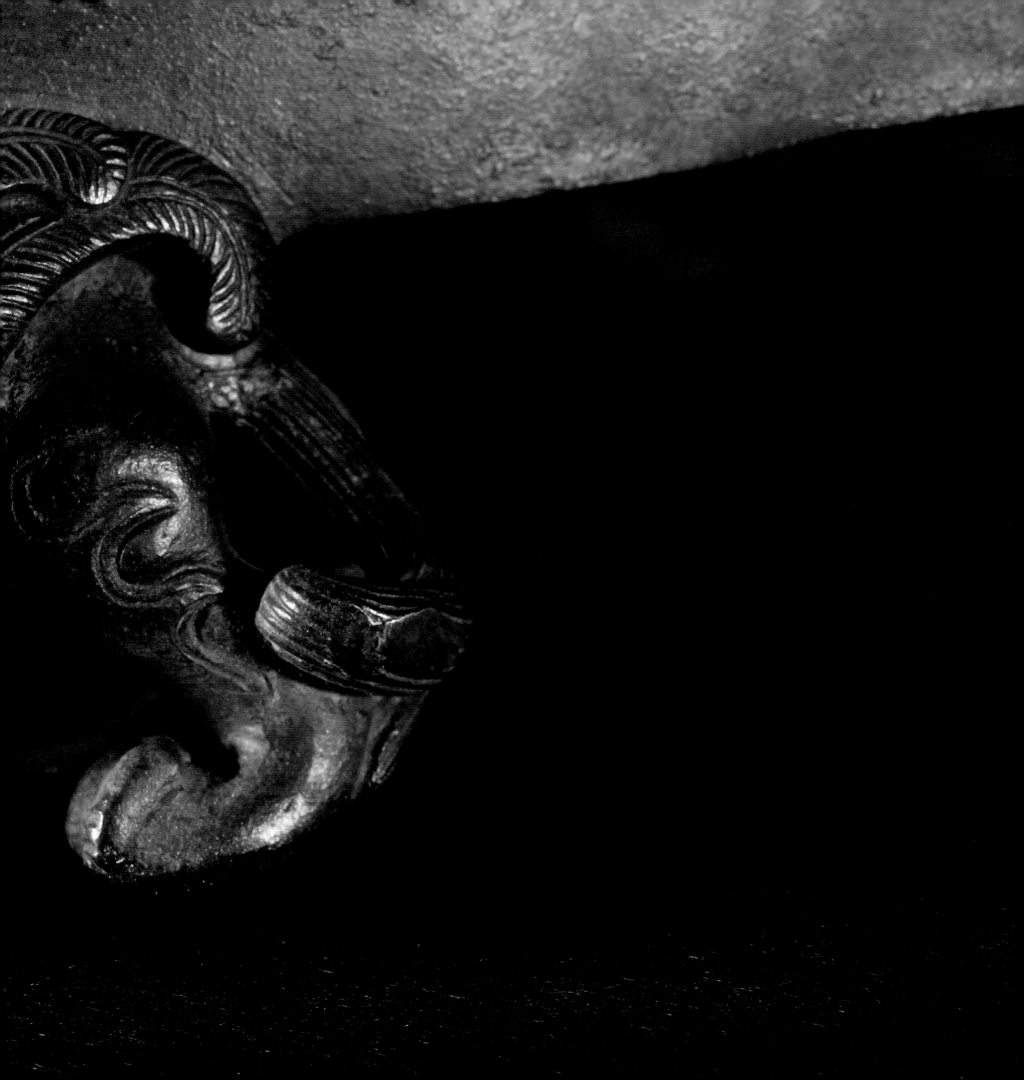

123

大明宣德年制款铺首衔环耳壶

清中期
高 12.5 厘米　腹径 10.5 厘米
含锌均值 16.52%。
清宫旧藏

———

Copper pot with inscription "Da Ming Xuande nian zhi"

Middle Qing dynasty
Height 12.5 cm, belly diameter 10.5 cm
Average content of zinc 16.52%.
Originally collected in the Qing Palace

口略侈，直颈，有肩，腹鼓下收，圈足，底外鼓。颈、足各饰一周弦纹，肩饰铺首衔环耳。器外底有减地阳文3列6字楷书"大明宣德年制"。铸款，字形不错，但铸造不精。壶身和壶底连铸。

　　备注：珠字三六五号，原藏皇极殿正殿或西庑、南庑。

124

大明宣德年制款铺首耳衔环壶

清中期

高 13.3 厘米　腹径 10 厘米
含锌均值 12.49%。底部含银均值 0.02%。

清宫旧藏

Copper pot with pushou handles, with
inscription "Da Ming Xuande nian zhi"
Middle Qing dynasty
Height 13.3 cm, belly diameter 10 cm
Average content of zinc 12.49%. Bottom: average content of
silver 0.02%.
Originally collected in the Qing Palace

口略侈, 直颈, 有肩, 腹鼓下收, 圈足, 平底。颈、足各饰一周隐起弦纹, 肩饰铺首耳衔环。器外底有减地阳文3列6字楷书"大明宣德年制"。铸款, 字形规矩。器身和壶底分铸(俗称接底儿)。

此器和前器形制几无差别, 唯接壶底的工艺手法有差异。

备注：留平58143。

125

大明宣德年制款罐

清中晚期
高29.8厘米　口径12.1厘米
含锌均值24.71%，含银均值0.16%，含锑均值0.39%。
清宫旧藏

Copper jar with inscription "Da Ming
Xuande nian zhi"
Middle and late Qing dynasty
Height 29.8 cm, mouth diameter 12.1 cm
Average content: zinc 24.71%, silver 0.16%,
antimony 0.39%.
Originally collected in the Qing Palace

罐短直口，束颈，自肩往下斜收，隐式圈
足。皮色均匀。器外底有减地阳文3列6字楷书
"大明宣德年制"。刻款，字形摹本不错，但是刻
工不细，甚至有的地方皮子还未剔净。

备注：历字七四一号，原藏重华宫。

126

大明宣德年制款菱花式盘
清中晚期
高 3 厘米　口径 17.1 厘米　重 0.593 千克
含锌均值 23.38%。底部含银均值 0.15%。
清宫旧藏

Copper water-chestnut-shaped plate with
inscription "Da Ming Xuande nian zhi"
Middle and late Qing dynasty
Height 3 cm, mouth diameter 17.1 cm, weight 0.593 kg
Average content of zinc 23.38%. Bottom: average content of
silver 0.15%.
Originally collected in the Qing Palace

七瓣菱花盘形，随形圈足。器外底有减地
阳文3列6字楷书"大明宣德年制"。铸款，字体
具有榜书特点。
　　备注：吕字三八四四号，原藏养心殿。

127

大明嘉靖壬寅年制款朝冠耳兽足炉

明嘉靖
高 70 厘米　口径 50 厘米
含锌均值 15.9%，含锑均值 0.28%，含银均值 0.34%，含铅均值 3.08%。
清宫旧藏

Copper censer with court-hat-shaped handles
and animal-shaped feet, with inscription "Da
Ming Jiajing Renyin nian zhi"
Jiajing period (1522-1566) of the Ming dynasty
Height 70 cm, mouth diameter 50 cm
Average content: zinc 15.9%, antimony 0.28%, silver 0.34%,
lead 3.08%.
Originally collected in the Qing Palace

大型器。朝冠耳，鼎式炉，直口，束颈，鼓腹，兽足。口、耳、身、足饰有类似云形的片金。颈部饰有一周高凸起的圆涡纹。耳、圆涡纹与器身均为一体铸成，器内部没有穿插的痕迹。口外侧有鎏金单框阳文1列8字楷书"大明嘉靖壬寅年制"。铸款，字体秀气。

此器含锌量比值明显比明晚期宣铜器的均值高，显示出铸造大型器物含锌量比值会出现不稳定的情况。

备注：倏字六○四号，原藏建福宫花园。

128

大明嘉靖壬寅年制款朝冠耳兽足炉

明嘉靖

高 67.8 厘米　口径 51 厘米

耳、腹含锌均值 3.41%，含锑均值 0.04%，含银均值 0.09%，
含铅均值 2.48%。

清宫旧藏

Copper censer with court-hat-shaped handles
and animal-shaped feet, with inscription "Da
Ming Jiajing Renyin nian zhi"
Jiajing period (1522-1566) of the Ming dynasty
Height 67.8 cm, mouth diameter 51 cm
Average content (handles and belly): zinc 3.41%, antimony
0.04%, silver content 0.09%, lead 2.48%.
Originally collected in the Qing Palace

大型器。朝冠耳，鼎式炉，直口，束颈，鼓
腹，兽足。口、耳、身、足饰有类似云形的片金。
颈部饰有一周高凸起的圆涡纹。耳、圆涡纹与
器身之间均为一体铸成，器内部没有穿插的痕
迹。口外侧有鎏金单框阳文1列8字楷书"大明嘉
靖壬寅年制"。铸款，字体秀气。

备注：倏字六〇五号，原藏建福宫花园。

大明崇祯年制款冲耳乳足炉

明崇祯
高 9 厘米　口径 14.8 厘米
含锌均值 21.3%，含锑均值 0.03%。
清宫旧藏

Copper censer with loop handles rising from
the rim and mammillate feet, with inscription
"Da Ming Chongzhen nian zhi"
Chongzhen period (1628-1644) of the Ming dynasty
Height 9 cm, mouth diameter 14.8 cm
Average content: zinc 21.3%, antimony 0.03%.
Originally collected in the Qing Palace

圆形，乳足略尖，器形简练，含蓄。老铜
色。器外底有减地阳文3列6字楷书"大明崇祯年
制"。铸款，笔道硬朗。

备注：留平58173。

130

康熙年制款戟耳圈足炉

清康熙

高 7.5 厘米　口径 10 厘米　重 0.8 千克

含锌均值 10.29%。

清宫旧藏

Copper censer with halberd-shaped handles and ringfoot, with inscription "Kangxi nian zhi"

Kangxi period (1662-1722) of the Qing dynasty

Height 7.5 cm, mouth diameter 10 cm, weight 0.8 kg

Average content of zinc 10.29%.

Originally collected in the Qing Palace

圆形，簋式造型，口略外侈，鼓腹下垂，圈足内缩。口沿下至下腹左右各饰一戟耳，亦似抽象夔形。栗壳色皮色。器外底有减地阳文2列4字楷书"康熙年制"。铸款，局部有刀修痕。

备注：丽字九一八号，原藏古董房。

大清康熙年制款戟耳圈足炉

清康熙

高 7.4 厘米　口径 10 厘米

含锌均值 9.05%，含金 0.4%。

清宫旧藏

Copper censer with halberd-shaped handles
and ringfoot, with inscription "Da Qing Kangxi
nian zhi"

Kangxi period (1662-1722) of the Qing dynasty

Height 7.4 cm, mouth diameter 10 cm

Average content of zinc 9.05%, gold 0.4%.

Originally collected in the Qing Palace

圆形，簋式，口略外侈，鼓腹下垂，圈足内缩。口沿下至下腹左右各饰一戟耳，亦似抽象夔形。枣皮红色皮色，皮下有状若冰屑的金色隐耀于肌肤之内。器外底有减地阳文3列6字楷书"大清康熙年制"。铸款。清宫旧藏宣铜炉，凡簋式造型的多配戟耳或狮耳。

邵锐《宣炉汇释》中将宣炉颜色诠释为30余种，其中提道："烁金色，用赤金混于铜内，视之有碎金点也。"指的便是本器隐于肌肤之内的金饰。烁金炉是利用黄铜和黄金的熔点差制造出来的。初始，因铜、金二色相若而不显。日久随着铜的氧化，器表逐渐形成枣皮红色氧化层，其下烁金便越加显现出来。古代烁金炉实

物一直难寻，多只见于记载。

故字号国朝年号款的铜炉（宣德款除外），铸造年代明确，是各朝的标准器。但是它们在旧藏器中所占比例并不高，究其原因，或许是受到清代禁铜令的影响。李强《论雍正时期的铜禁政策》："铜禁政策，是指禁止打造、使用黄铜器皿和强制收买现有黄铜器皿的政策。顺治初年，由于缺铜，顺治帝曾有意禁用铜器，后因遭大臣反对而未能实行。康熙十八年（1679年），康熙帝曾实行铜禁政策，禁止打造重量在5斤以上的铜器。"（《学术界》，2004年第1期。）但是就宣铜器来说，康熙朝不乏精品。

备注：留平58454。

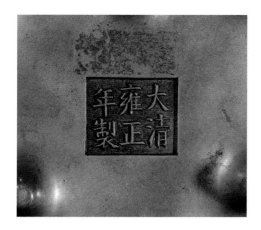

132

大清雍正年制款冲耳乳足炉

清雍正
通高 7.5 厘米　口径 9 厘米　重 0.772 千克
含锌均值 15.83%，含锑均值 0.01%。底座含锌 19.48%。
清宫旧藏

Copper censer with loop handles rising from
the rim and mammillate feet, with inscription
"Da Qing Yongzheng nian zhi"
Yongzheng period (1723-1735) of the Qing dynasty,
Overall height 7.5 cm, mouth diameter 9 cm, weight 0.772 kg
Average content: zinc 15.83%, antimony 0.01%. Pedestal:
content of zinc 19.48%.
Originally collected in the Qing Palace

圆形，乳足，造型简洁流畅。鳝鱼黄色皮
色，柔润温婉。器外底有减地阳文 3 列 6 字楷书
"大清雍正年制"。刻款，字体漂亮，刻工精湛。
附三云足铜座。

此炉为典型的雍正官方制器风格，提供了
清代宣铜器的断代标准。

备注：历字九一八号，原藏重华宫。

大清雍正年制款无耳兽足炉

明晚期或清雍正

通高 10.4 厘米　口径 12.5 厘米　重 1.258 千克
含锌均值 3.72%。底座含锌 6.29%。

清宫旧藏

Copper handleless censer with animal-shaped feet,
with inscription "Da Qing Yongzheng nian zhi"
Late Ming dynasty or Yongzheng period (1723-1735) of the Qing
dynasty
Overall height 10.4 cm, mouth diameter 12.5 cm, weight 1.258 kg
Average zinc content 3.72 %. Pedestal: content of zinc 6.29%.
Originally collected in the Qing Palace

圆鼎形，三兽蹄足，造型古朴。栗壳色皮色。器外底有减地阳文2列4字楷书"浴日腾辉"。铸款。器内底阴刻1行6字楷书"大清雍正年制"。黄条："养字第三百四十七号。"附三云足铜座。

"浴日腾辉"款字表的高度、皮色均与器外底相同，字间地子也遍布剔痕，当为后刻无疑。"大清雍正年制"款为器内底刻字，更是罕见。另外本器较其他雍正款宣铜炉的锌含量明显偏低，完全进入了明晚期宣铜器的含锌量范围。因此有理由怀疑本器是明代器物，后加刻雍正款。

备注：昆字二○三—37号。原藏南库。

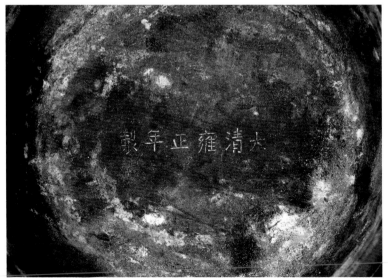

134

大清雍正年制款云耳圆鼎式盖炉

清雍正
通高 15.5 厘米　口径 11.7 厘米　连盖重 2.167 千克
盖、器含锌均值 29.05%。口、底部含银各 0.01%。
清宫旧藏

Copper *ding*-shaped round lidded censer with cloud-shaped handles, with inscription "Da Qing Yongzheng nian zhi"
Yongzheng period (1723-1735) of the Qing dynasty
Overall height 15.5 cm, mouth diameter 11.7 cm, weight (including lid) 2.167 kg
Average content of zinc (censer and lid) 29.05%. Mouth and bottom: content of silver 0.01%.
Originally collected in the Qing Palace

圆鼎式, 云形耳, 腹饰三象, 首、尾相连, 三象足。盖镂空云蝠纹。鳝鱼黄色皮色。器外底有减地阳文 3 列 6 字楷书"大清雍正年制"。铸款。含锌均值高于雍正宣铜器的普遍数据, 体现了当时存在一种非精炼的情况, 此为一例。

雍正初年, 银贱钱贵现象十分严重。雍正帝认为这种现象主因是民间销毁制钱打造铜器, 便实行了更为严厉的铜禁政策, 既禁止打造黄铜器皿, 又强制收买现有黄铜器皿。本书虽然没有尽收故宫博物院收藏的国朝年号款 (宣德款除外) 铜炉, 但有代表性的器物都基本在此了。从中可以看出, 雍正款的明显居多。说明

雍正禁铜, 只是为了解决销毁制钱现象, 消除银贱钱贵的问题, 于宫中而言却不真正禁铜。

雍正时期, 整体文化氛围受审美主体的文化修养、情趣的影响, 转向了一种对意境的追求。正所谓"口之于味, 有同嗜焉", 文化内敛、深邃的表现形成了形式侧重于自然美的潮流。表现在器物造型和纹饰上, 流行一种返璞归真的艺术创作潮流。就雍正款器物来看, 多数器物外表都循着简单流畅的线条。本器虽然满身披挂吉祥纹饰, 但和乾隆器比较起来仍显得朴拙憨厚, 缺少一种华丽感。

备注：留平 58459。

135

大清雍正年制款蚰龙耳台儿式炉

清雍正

通高 11.2 厘米　口长 9.6 厘米　口宽 4.2 厘米　连座重 2.662 千克
含锌均值 8.2%。底座含锌 17.09%。

清宫旧藏

Copper table-shaped censer with *youlong* handles, with inscription "Da Qing Yongzheng nian zhi"

Yongzheng period (1723-1735) of the Qing dynasty
Overall height 11.2 cm, mouth length 9.6 cm, mouth width 4.2 cm, weight (including the pedestal) 2.662 kg
Average content of zinc 8.2%. Pedestal: content of zinc 17.09%.

Originally collected in the Qing Palace

长方形器，状似台几案。平口，蚰龙双耳，四方柱足。枣皮红色皮色。器外底有减地阳文1行6字楷书"大清雍正年制"。铸款，字体清秀，长方形。附铜座，配黄绢面木匣。木匣外黄条："世宗御赐。"

据《宣德彝器图谱》所载，当年的台儿炉是仿照宋定窑瓷器款式铸造的。而此器又是按《宣德彝器图谱》所载样式仿造，甚至连款识位置和书写格式都无二致。从宋定窑至《宣德彝器图谱》再到雍正宣铜器，一脉相承，进而也说明至少雍正时期对《宣德彝器图谱》是认可的。

此器除本身具有国朝年号款外，另有签题佐证为雍正器。

值得注意的是，在器、座检测结果中，锌、铅的含量有较大差异，绝非一锅铜水浇铸。况且目测器、座外表颜色也有明显不同，不排除此座或非原配的可能。

此器充满了浓郁的艺术感。从整体来看，雍正器的流畅、简洁和田园式的质朴给人的印象深刻。

备注：历字九五一号，原藏重华宫。

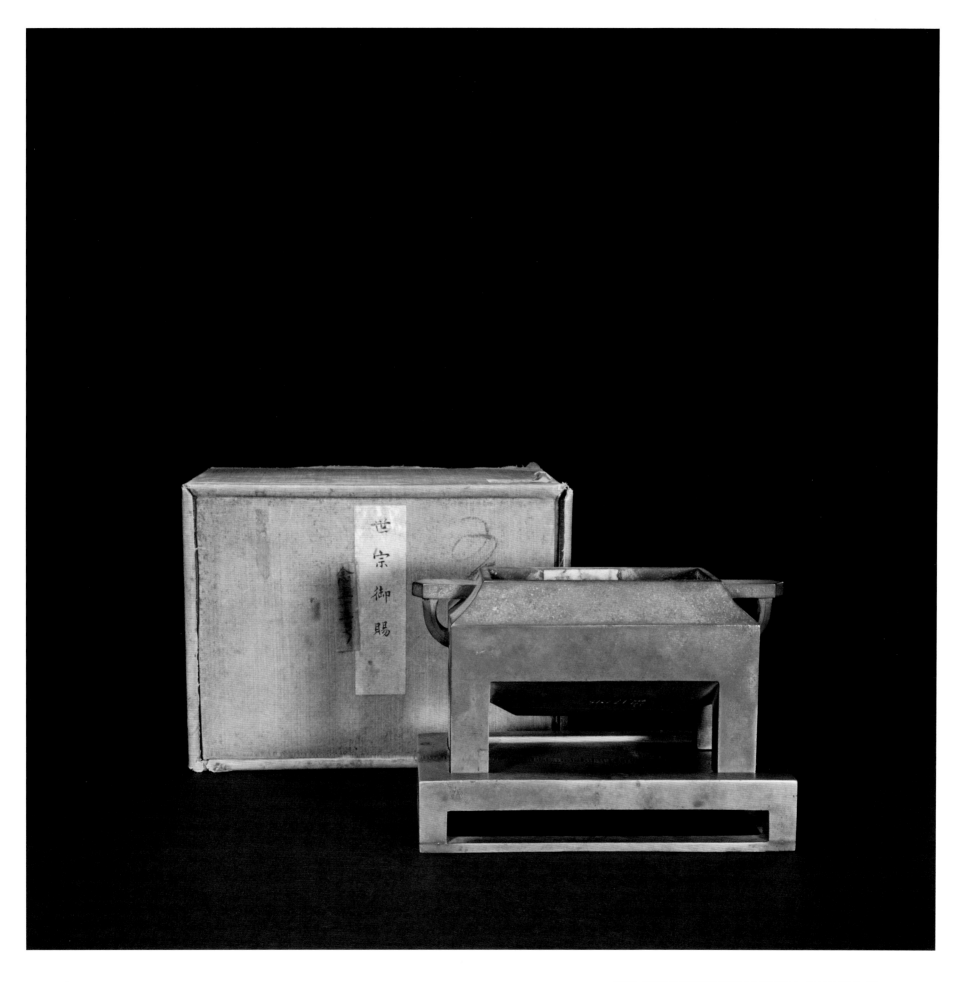

136

大清乾隆年制款冲耳乳足炉

清乾隆

高6厘米　口径9厘米　重0.476千克

含锌均值22.08%。

清宫旧藏

Copper censer with loop handles rising from
the rim and mammillate feet, with inscription
"Da Qing Qianlong nian zhi"

Qianlong period (1736-1795) of the Qing dynasty
Height 6 cm, mouth diameter 9 cm, weight 0.476 kg
Average content of zinc 22.08%.
Originally collected in the Qing Palace

圆形，冲耳，乳足。鳝鱼黄色皮色。器外底有减地阳文3列6字楷书"大清乾隆年制"。铸款。器表皮壳下透出类似的斑铜效果，实则是皮壳磨脱处露出的铜本色。器外底遍布刮痕，皮壳遭到破坏，也因此看清器物外底部并非斑铜。

备注：留平58392。

137

大清乾隆年制款桥耳乳足炉

清乾隆
高 7.5 厘米　口径 10 厘米　重 0.8 千克
含锌均值 16.49%。
清宫旧藏

Copper censer with bridge-shaped handles
rising from the rim and mammillate feet, with
inscription "Da Qing Qianlong nian zhi"
Qianlong period (1736-1795) of the Qing dynasty
Height 7.5 cm, mouth diameter 10 cm, weight 0.8 kg
Average content of zinc 16.49%
Originally collected in the Qing Palace

圆形器，桥耳，颈微收，鼓腹，三乳足。枣
皮红色皮色。器外底有减地阳文3列6字楷书
"大清乾隆年制"。铸款。

备注：号字二八五三号，原藏宁寿宫或体
和殿、蹈和门(西北屋)。

138

大清乾隆年制款蚰龙耳圈足炉

清乾隆

通高 9.2 厘米　口径 13.7 厘米

含锌均值 16.9%，含金 1.1%。

清宫旧藏

———

Copper censer with *youlong* handles and
ringfoot, with inscription "Da Qing Qianlong
nian zhi"

Qianlong period (1736-1795) of the Qing dynasty

Overall height 9.2 cm, mouth diameter 13.7 cm

Average content of zinc 16.9%, gold 1.1%.

Originally collected in the Qing Palace

圆形器，近簋形。平口外侈，收颈，鼓腹下垂，圈足外撇。双耳起自颈部，收于腹鼓处。铜本色。器外底有减地阳文3列6字楷书"大清乾隆年制"。铸款。附红漆底座。

造型规整，线条顺畅，小巧中透出大气。厚实的平口，古拙的双耳，加上高度和角度均恰到好处的圈足，使整个器物古意盎然，又充满灵性。用料丰富，质地细腻无比，显示出反复冶炼的结果。

备注：留平58536，复56。

139

大清乾隆年制款方鼎式炉

清乾隆
高 14.5 厘米　口长 13.4 厘米　口宽 9.8 厘米
含锌均值 13.66%，含银 0.05%。耳部含锑 0.03%。
清宫旧藏

Copper *ding*-shaped rectangular censer with
inscription "Da Qing Qianlong nian zhi"
Qianlong period (1736-1795) of the Qing dynasty
Height 14.5 cm, mouth length 13.4 cm, mouth width 9.8 cm
Average content of zinc 13.66%, silver 0.05%. Handles:
content of antimony 0.03%.
Originally collected in the Qing Palace

方鼎式造型，双立耳方折，方口平侈，束
颈，方腹略下斜收，四柱足。有盖。腹四面饰竖
棱纹，外围绕云雷纹。足根部饰蝙蝠纹。器表有
反银现象。器外底有减地阳文3列6字楷书"大清
乾隆年制"。铸款，较模糊。

备注：吕字三七七一号，原藏养心殿。

140

乾隆年制款博山炉

清乾隆
高 23 厘米　口径 10.9 厘米
含锌均值 18.43%。下腹部含锑 0.01%。盖含锌均值 12.75%。
底座含锌 12.74%，含银 0.02%。
清宫旧藏

Copper *boshan* censer with inscription
"Qianlong nian zhi"
Qianlong period (1736-1795) of the Qing dynasty
Height 23 cm, mouth diameter 10.9 cm
Average content of zinc 18.43%. Lower belly: content of
antimony 0.01%. Lid: average content of zinc 12.75%.
Pedestal: content of zinc 12.74%, silver 0.02%.
Originally collected in the Qing Palace

仿汉代博山炉造型，整个炉坐于深盘内。
炉盖为镂空的云山形，上面满饰纵向的阴线。
炉下有短柄，柄座饰云龙纹。柄上端探出于炉
内，其端面有2列4字篆书"乾隆年制"，印章款。
铸款。

备注：钜字一九二³/₄号，原藏养性殿。

141

大清乾隆年制款四出脊方瓶

清乾隆

高 17.1 厘米　口长 5.6 厘米　口宽 5.6 厘米

含锌均值 12.06%。底部含银 0.01%，含锑 0.02%。

清宫旧藏

Copper square vase with four ridges, with inscription "Da Qing Qianlong nian zhi"

Qianlong period (1736-1795) of the Qing dynasty

Height 17.1 cm, mouth length 5.6 cm, mouth width 5.6 cm

Average content of zinc 12.06%. Bottom: content of silver 0.01%, antimony 0.02%.

Originally collected in the Qing Palace

方口，有立沿，方颈内收，肩部下斜，方腹较长，多层式方足。四出脊鎏金。肩部和腹下斜收处各饰一周蝉纹。腹四面纹饰相同，画面中心饰鎏金的西式花盆，内装盛开的花朵，花瓣边缘微卷，起伏有致，两侧则围以层花叠叶。腹四角对称装饰鎏金的缠枝茎叶。画面布局对称，营造出繁花似锦、华丽高贵的气氛。这与宫中所有宣铜器的雅致意韵全然不同，好似把乾隆时期痕都斯坦玉雕的装饰风格移植了过来。器外底有减地阳文 3 列 6 字楷书"大清乾隆年制"。铸款。

备注：留平58496。

142

大清乾隆年制款凤耳瓶

清乾隆
高 17.8 厘米　口径 4.3 厘米
含锌均值 16.22%，含银均值 0.02%。底部含锌均值 30.97%。
清宫旧藏

Copper vase with phoenix-shaped handles,
with inscription "Da Qing Qianlong nian zhi"
Qianlong period (1736-1795) of the Qing dynasty
Height 17.8 cm, mouth diameter 4.3 cm
Average content: zinc 16.22%, silver 0.02%. Bottom: average
content of zinc 30.97%.
Originally collected in the Qing Palace

瓶式，口外侈，细颈，溜肩，深腹渐收，圈足。颈侧饰双凤耳，腹饰两条回纹带，回纹带间满饰浮雕牡丹纹，腹下部饰一周蝉纹。全器铸工精美，散饰鎏金装饰，凸显富贵华丽。器底与器身非一次铸成，运用了清中期常见的接底工艺。器外底有减地阴文2列4字楷书"乾隆年制"刻款。

备注：金字一七八〇号，原藏永寿宫。

143

大清嘉庆年造款朝冠耳兽足炉

清嘉庆

高 107.1 厘米　口径 64.2 厘米

含锌均值 16.58%，含锑均值 0.43%，含银均值 0.1%，
含铅均值 5.43%。套圈含铜均值 98.59%。

清宫旧藏

Copper censer with court-hat-shaped handles
and animal-shaped feet, with inscription "Da
Qing Jiaqing nian zao"

Jiaqing period (1796-1820) of the Qing dynasty

Height 107.1 cm, mouth diameter 64.2 cm

Average content: zinc 16.58%, antimony 0.43%, silver 0.1%,
lead 5.43%. Hoop: average content of copper 98.59%.

Originally collected in the Qing Palace

大型器。朝冠耳鼎式炉，直口，束颈，鼓腹，兽足。插耳，颈部插饰一周高凸起的圆涡纹（有遗失）。口外侧刻有1列6字双勾楷书"大清嘉庆年造"。刻款，字体工整。加装有铜套圈，圈口上留有成对的孔洞，当为加装防火网罩用的。

不论大型还是小型铜炉，都可应用防火罩，这在造办处档案中可以寻到痕迹："于四十三年四月十九日员外郎四德、五德将铜桥梁耳炉二件、铜乳炉一件（各随木座、铜丝罩）、铜三弦筒子炉一件（随铜盘、嵌铜镜木座）俱烧埋好，持进交太监厄勒里呈览，奉旨：铜炉四件俱交圆明园换摆，将三弦筒子炉下嵌铜镜木座亦交圆明园做香几用，其铜丝罩交宫内罩炉用。再造办处有收贮铜丝罩查明呈览。钦此。"（中国第一历史档案馆、香港中文大学文物馆编《清宫内务府造办处档案总汇》第40册第345、346页，人民出版社，2007年。）

备注：俟字五七五号，原藏建福宫花园。

144

大清嘉庆年造款朝冠耳兽足炉

清嘉庆

高 107.4 厘米 口径 64.3 厘米

含锌均值 15.68%，含锑均值 0.53%，含银均值 0.63%。
耳腹含铅均值 5.17%。足部含铅均值 77.61%。

清宫旧藏

Copper censer with court-hat-shaped handles
and animal-shaped feet, with inscription "Da
Qing Jiaqing nian zao"

Jiaqing period (1796-1820) of the Qing dynasty
Height 107.4 cm, mouth diameter 64.3 cm
Average content: zinc 15.68%, antimony 0.53%, silver 0.63%.
Handles and belly: average content of lead 5.17%. Feet:
average content of lead 77.61%.
Originally collected in the Qing Palace

大型器。朝冠耳鼎式炉，直口，束颈，鼓腹，兽足。插耳，颈部插饰一周高凸起的圆涡纹。口外侧刻有1列6字双勾楷书"大清嘉庆年造"。刻款，字体工整。检测数据显示足部含铅量比极高，说明和器身非一锅铜水铸造，同时铸造痕迹也证明了这一点。

备注：倏字五七六号，原藏建福宫花园。

145

内坛郊社款虬龙耳圈足炉

清中期
高 8.5 厘米　口径 13.5 厘米
含锌均值 23.03%。
清宫旧藏

Copper censer with *youlong* handles and
ringfoot, with inscription "Nei tan jiao she"
Mid Qing dynasty
Height 8.5 cm, mouth diameter 13.5 cm
Average content of zinc 23.03%.
Originally collected in the Qing Palace

圆形，圈足。包浆较重。器外底有减地阳文 2 列 4 字楷书"内坛郊社"。铸款。款识上下饰透迤的双龙纹。

器表皮略显凹凸不平，这是泥范遇热后局部收缩不均匀造成的收缩痕。一般铜炉铸好后都要经过打磨这道程序，既可以把铜炉表面打磨平滑，又可以消磨掉浮在表面的气孔。但是如果碰到收缩痕漂亮的器表，也有不打磨的，借机上皮色，形成斑驳陆离的效果。

此器与后一件是宫中祭天礼地时使用的，"内坛郊社"当为宫款。《礼记》："天垂象，圣人则之。郊祭，天之道也。"意为上天赐下样式，圣人如法制作。郊祭所要体现的乃是天道。"郊"指祭天，"社"指礼地。"内坛"则指天坛之内坛。天坛一直是明清皇帝行敬天之礼的圣地，至民国时才被终止。

备注：留平59055。

146

内坛郊社款蚰龙耳圈足炉

清中期
高8.6厘米　口径14厘米
含锌均值20.82%。
清宫旧藏

Copper censer with *youlong* handles and
ringfoot, with inscription "Nei tan jiao she"
Mid Qing dynasty
Height 8.6 cm, mouth diameter 14 cm
Average content of zinc 20.82%.
Originally collected in the Qing Palace

形制近簋。平口外侈，收颈，鼓腹下垂，圈足外撇。双蚰龙耳起自颈部，收于腹鼓处。器表有铸造收缩痕，几未打磨，有枣皮红色皮色斑驳其间，包浆略重。器外底铸饰双龙纹，二龙透迤团成一圆，圆心有减地阳文2列4字楷书"内坛郊社"。铸款。另配有铜质的香铲、香箸和木质的香瓶、香盒一套。

本件与前件特点极其相近。均造型规整，顺畅，小巧中透出大气。厚实的平口，古拙的双耳，加上高度和角度均恰到好处的圈足，使整个器物古意盎然，又充满灵性。使用痕迹明显，包浆老辣。在清宫旧藏的其他宣铜器中，也有在器底铭款外围绕二龙的图案，但龙的形象不太相同，刻画也粗细有别。这两件铜炉龙纹雄劲有力，其中一龙龙发从两角间前耸，呈怒发冲冠状，张口，龙眉向上，细脖，是比较典型的明代龙样式，但龙尾却是清代龙尾。另一龙的龙尾似蛇尾，符合宣德时期龙的特征，但龙须、龙爪特征有异，亦是清代龙的式样。所以此二炉的龙纹特征等于是明清混搭，应断为清代器物。

备注：留平59082。

147

群麋草堂款冲耳乳足炉

清中早期

高 7.8 厘米　口径 12.7 厘米　重 1.363 千克

含锌均值 6.27%。

清宫旧藏

Copper censer with loop handles rising from
the rim and mammillate feet, with inscription
"Qun mi cao tang"

Early and mid Qing dynasty

Height 7.8 cm, mouth diameter 12.7 cm, weight 1.363 kg

Average content of zinc 6.27%.

Originally collected in the Qing Palace

圆形，冲耳，三乳足。铜本色。器外底有减地阳文2列4字篆书"群麋草堂"。铸款，笔画布局讲究，正所谓疏能跑马，密不容针，属于仿印章款的一类。

该器原藏寿康宫，寿康宫是清代太皇太后和皇太后的住处，太妃、太嫔也随居于此。乾隆朝崇庆皇太后(孝圣宪皇后)、嘉庆朝颖贵太妃(颖贵妃)、咸丰朝康慈皇太后(孝静成皇后)都曾在此颐养天年。"群麋草堂"使人联想到杜甫诗《题张氏隐居》"不贪夜识金银气，远害朝看麋鹿游"句。屈原在《九歌》"湘君"："麋何为兮庭中，蛟何为兮水裔。"似乎"群麋草堂"反映了久居于此人们的某种心境。

备注：出字五三一号，原藏寿康宫。

148

吴邦佐监制款冲耳乳足炉
清中晚期
高 9.2 厘米　口径 11 厘米　重 1.015 千克
含锌均值 21.78%。底座含锌 19.36%。
清宫旧藏

Copper censer with loop handles rising from the
rim and mammillate feet, with inscription "Wu
Bangzuo jian zhi"
Mid and late Qing dynasty
Height 9.2 cm, mouth diameter 11 cm, weight 1.015 kg
Average content of zinc 21.78%. Pedestal: content of zinc
19.36%.
Originally collected in the Qing Palace

圆形，冲耳，乳足较高，器形敦实。铜本
色。器外底有减地阳文4列12字楷书"大明宣德
伍年臣吴邦佐监制"。铸款，较精，字体大气。附
几式铜座。

备注：留平128989。

149

吴邦佐造款蚰龙耳圈足炉
清中期
高 8.8 厘米　口径 18.2 厘米
含锌均值 21.65%，含银均值 0.02%，含锑均值 0.05%。
清宫旧藏

Copper censer with *youlong* handles and
ringfoot, with inscription "Wu Bangzuo zao"
Mid Qing dynasty
Height 8.8 cm, mouth diameter 18.2 cm
Average content: zinc 21.65%, silver 0.02%, antimony 0.05%.
Originally collected in the Qing Palace

圆形，口外侈，蚰龙耳粗壮，高圈足。栗壳
色皮色。器外底有减地阳文3列10字楷书"大明
宣德五年吴邦佐造"。铸款，精美。年号和铸器
人名字之间留白者很少见。
　　备注：号字二八六〇号，原藏宁寿宫。

150

吴邦佐造款狮耳圈足炉

清中期
高 8.4 厘米　口径 19 厘米
含锌均值 21.11%，含锑均值 0.04%。
清宫旧藏

Copper censer with lion-shaped handles and
ringfoot, with inscription "Wu Bangzuo zao"
Mid Qing dynasty
Height 8.4 cm, mouth diameter 19 cm
Average content: 21.11%, antimony 0.04%.
Originally collected in the Qing Palace

圆形，圈足。光素。器外底有减地阳文4列
16字楷书"大明宣德五年监督工部官臣吴邦佐
造"。铸款，漂亮，有着明显明代台阁体的风韵，
唯"造"字脱形，似无所本。器表有铸造收缩痕，
几未打磨。

备注：留平58372。

151

吴邦佐造款狮耳圈足炉
清中晚期
高 7 厘米　口径 14.7 厘米
含锌均值 23.4%。底部含锑均值 0.1%。
清宫旧藏

Copper censer with lion-shaped handles
and ringfoot, with inscription "Wu
Bangzuo zao"
Mid and late Qing dynasty
Height 7 cm, mouth diameter 14.7 cm
Average content of zinc 23.4%. Bottom: average
content of antimony 0.1%.
Originally collected in the Qing Palace

圆形，直口，圆唇，垂腹，矮圈足。左右各
饰一狮耳。铜本色。器外底有减地阳文4列16字
楷书"大明宣德五年监督工部官臣吴邦佐造"。
铸款，笔道纤细。

备注：露字一六二号，原藏敬事房。

152

吴邦佐监造款桥耳乳足炉

清晚期

高 8.8 厘米　口径 10.8 厘米

含锌均值 35.34%，含锑均值 0.17%。耳部含银 0.02%。

清宫旧藏

Copper censer with bridge-shaped handles and mammillate feet, with inscription "Wu Bangzuo zao"

Late Qing dynasty

Height 8.8 cm, mouth diameter 10.8 cm

Average content: zinc 35.34%, antimony 0.17%.

Incense spade: content of zinc 0.02%.

Originally collected in the Qing Palace

圆形，桥耳细高，中段扁宽，尖乳足。铜本色。器外底有减地阳文4列16字楷书"大明宣德六年工部尚书臣吴邦佐监造"。铸款，字体模糊。

备注：水字一四九四号，原藏太极殿。

153

吴邦佐监造款桥耳乳足炉
清晚期
高 7.9 厘米　口径 11.5 厘米
含锌均值 32.83%，含锑均值 0.15%。
清宫旧藏

Copper censer with bridge-shaped
handles and mammillate feet, with
inscription "Wu Bangzuo jian zao"
Late Qing dynasty
Height 7.9 cm, mouth diameter 11.5 cm
Average content: zinc 32.83%, antimony 0.15%.
Originally collected in the Qing Palace

圆形，桥耳细高，中段扁宽，尖乳足。铜本
色。器外底有减地阳文4列16字楷书"大明宣德
六年工部尚书官臣吴邦佐监造"。铸款，不精。
　　备注：水字一四九四号，原藏太极殿。

154

吴邦佐造款桥耳乳足炉

清晚期
高 10.8 厘米　口径 15.5 厘米
含锌均值 32.78%，含锑均值 0.11%。
清宫旧藏

Copper censer with bridge-shaped handles
and mammillate feet, with inscription "Wu
Bangzuo zao"

Late Qing dynasty
Height 10.8 cm, mouth diameter 15.5 cm
Average content: zinc 32.78%, antimony 0.11%.
Originally collected in the Qing Palace

圆形，桥耳，乳足。铜本色。器外底有减地
阳文4列16字楷书"大明宣德五年监督工部官臣
吴邦佐造"。铸款，精致，字体漂亮。
　　备注：霜字二六号，原藏翊坤宫或储秀宫。

155

吴邦佐造款桥耳乳足炉

清晚期
高 10.5 厘米　口径 15.8 厘米
含锌均值 32.1%，含锑均值 0.14%。香押含锌 35.29%。
清宫旧藏

Copper censer with bridge-shaped
handles and mammillate feet, with
inscription "Wu Bangzuo zao"
Late Qing dynasty
Height 10.5 cm, mouth diameter 15.8 cm
Average content: zinc 32.1%, antimony 0.14%.
Incense spade: content of zinc 35.29%.
Originally collected in the Qing Palace

圆形，桥耳，乳足。铜本色。器外底有减地
阳文4列16字楷书"大明宣德五年监督工部官臣
吴邦佐造"。铸款，字体大气。

备注：霜字五一号，原藏翊坤宫或储秀宫。

156

吴邦佐造款绳耳兽足炉
清中晚期
高 8.2 厘米　口径 11.7 厘米
含锌均值 29.53%。
清宫旧藏

Copper censer with rope-shaped handles and animal-shaped feet, with inscription "Wu Bangzuo zao"
Mid and late Qing dynasty
Height 8.2 cm, mouth diameter 11.7 cm
Average content of zinc 29.53%.
Originally collected in the Qing Palace

圆形，绳耳，口平侈，束颈，鼓腹，平底，三兽蹄足。器身满饰阴刻宝相花纹。器外底有减地阳文4列16字楷书"大明宣德五年监督工部官臣吴邦佐造"。铸款。附木瓶、盒。
备注：留平58153。

行有恒堂制款冲耳乳足炉

清道光
高 7.4 厘米　口径 10.5 厘米
含锌均值 28.3%。
1959年收购

Copper censer with loop handles rising from
the rim and mammillate feet, with inscription
"xingyouheng tang zhi"

Daoguang period (1821-1850) of the Qing dynasty
Height 7.4 cm, mouth diameter 10.5 cm
Average content of zinc 28.3%.
Purchased in 1959

器表有不规则片状点金色。器外底有减地阳文3行9字楷书"道光戊申行有恒堂制"。铸款，字体表面浮有金色。

"行有恒堂"主人为定敏亲王载铨（1794—1854年），弘历四世孙，平生雅好收藏，他设计、定制了大量艺术品，器身皆署有"行有恒堂主人制""行有恒堂主人"或"定府行有恒堂"等铭款，宣铜器是其中一种。《自珍集》载："琉璃厂估每在旧工艺品端加定府伪款，以求善价，蕉叶山房尤优为之。"（王世襄《自珍集》第42页，

三联书店，2007年。）

此炉来自收购，再往前的传承已不可考，但因是铸款，所以不存在清末、民国后加款的可能性。另外锌含量也较嘉庆时期有了提高，符合有清以来逐代递进的趋势。因此，本器应该就是道光本朝器。它的检测结果在某种程度上客观反映了道光时期宣铜器的数据特征，对补充清宫旧藏器的缺项和建立完整的宣铜器数据库都有重要的参考意义。

158

万年永宝款狮耳圈足炉

明

高 7.3 厘米　口径 13.1 厘米

含锌均值 0.26%，含银均值 14.88%。

清宫旧藏

Copper censer with lion-shaped handles and
ringfoot, with inscription "Wan nian yong bao"

Ming dynasty (1368-1644)

Height 7.3 cm, mouth diameter 13.1 cm

Average content: zinc 0.26%, silver 14.88%.

Originally collected in the Qing Palace

簋式，狮耳，圈足。颈以圆涡纹为地，上
饰上下两层鎏金鸟纹，中有嵌银丝卍字纹。腹
以嵌银丝回纹为地，上饰嵌银片和鎏金的兽面
纹。足以圆涡纹为地，上饰鎏金鸟纹。足内侧和
器物地子为老铜色，颈、足部的圆涡纹是錾刻
而成。器外底有单框嵌银丝2列4字篆书"万年
永宝"。器壁薄，铜质发红。附瓶、盒、匙、箸
一套。

备注：留平59067。

159

玉堂清玩款冲耳乳足炉
明晚期

通高 9 厘米　口径 10.3 厘米　重 1.006 千克
含锌均值 6.71%，含银均值 0.03%，含锑均值 0.08%。
底座含锌 29.44%。

清宫旧藏

Copper censer with loop handles rising from the
rim and mammillate feet, with inscription "Yu
tang qing wan"
Late Ming dynasty
Overall height 9 cm, mouth diameter 10.3 cm, weight 1.006 kg
Average content: zinc 6.71%, silver 0.03%, antimony 0.08%.
Pedestal: content of zinc 29.44%.
Originally collected in the Qing Palace

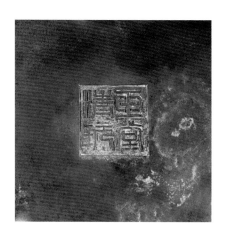

冲耳，鼓腹，乳足稍尖。器形略扁，造型秀气。栗壳色皮色。器外底有减地阳文2列4字篆书"玉堂清玩"。刻款，精致。附铜座，座底铸有双龙环抱减地阳文单行篆书"侣古斋"。铸款，不精。龙纹有明代特征。座底装饰有洒金片。

"玉堂清玩"的主人传为严嵩之子严世蕃（号东楼）。赵汝珍说："凡严氏之炉皆系劫取宣炉之无款者，充为己有，非其所制。"（赵汝珍《古玩指南》第六章第三节，中国书店，1984

年。）故而有"玉堂清玩"款炉不算仿宣器之说。本书所收录宣铜器上"玉堂清玩"款均为刻款，而此器座底的"侣古斋"款及双龙纹饰却为铸饰，铸、刻对比非常明显，似乎印证了赵汝珍的说法。比较而言，此器款笔道圆润均匀，纤细而有力，刻痕不明显，而本书其他同款器则逊色很多。

备注：留平59047。

玉堂清玩款冲耳乳足炉

明晚期

高 9.6 厘米　口径 13 厘米　重 1.680 千克

含锌均值 8.24%，含锑均值 0.12%。

清宫旧藏

Copper censer with loop handles rising from
the rim and mammillate feet, with inscription
"Yu tang qing wan"

Late Ming dynasty

Height 9.6 cm, mouth diameter 13 cm, weight 1.680 kg

Average content: zinc 8.24%, antimony 0.12%.

Originally collected in the Qing Palace

圆形，乳足，造型敦厚。枣皮红色皮色。
器外底有减地阳文2列4字篆书"玉堂清玩"。刻
款，精致。

备注：丽字七六五号，原藏古董房。

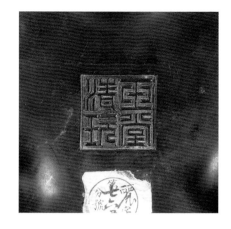

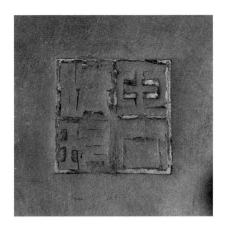

161

玉堂清玩款鬲式炉

明末清初
高 5.5 厘米　口径 12.1 厘米
含锌均值 6.58%，含锑均值 0.05%。
文物局调拨

Copper li-shaped censer with inscription "Yu tang qing wan"
Late Ming or early Qing dynasty
Height 5.5 cm, mouth diameter 12.1 cm
Average content: zinc 6.58%, antimony 0.05%.
Allocated by the Administration of Cultural Heritage

口有平沿，束颈，鼓腹，平底，蹄足。铜本色。器外底有减地阳文2列4字篆书"玉堂清玩"。刻款，似未完成，有的地方仅留细浅的刀痕。再次印证了赵汝珍"凡严氏之炉皆系劫取宣炉之无款者，充为己有，非其所制"之说。

沈氏家藏款桥耳乳足炉

明崇祯

高 8.4 厘米　口径 15.1 厘米

含锌均值 3.9%，含锑均值 0.02%。耳部含银 0.03%。

上海市 文管会调拨

Copper censer with bridge-shaped handles and mammillate feet, with inscription "Shen shi jia cang"

Chongzhen period (1628-1644) of the Ming dynasty

Height 8.4 cm, mouth diameter 15.1 cm

Average content: zinc 3.9%, antimony 0.02%. Handles: content of silver 0.03%.

Allocated by Shanghai Committee of Cultural Heritage Management

　　圆形，较扁，桥耳，收颈，鼓腹，弧形底，乳足。老包浆。减地阳文4列12字楷书"大明崇祯甲戌枫里沈氏家藏"。铸款，字体漂亮，笔道有力，起笔、收笔处锋毫尽显，不似清代仿造的那样糟软无力。

　　1977年10月17日经耿宝昌、王文昶先生鉴定为"真东西"。

163

刘氏翼川家藏款蚰龙耳圈足炉

清中期

高 5.2 厘米　口径 11 厘米

含锌均值 13.14%，含锑均值 0.15%。

文物局调拨

Copper censer with *youlong* handles and
ringfoot, with inscription "Liushi Yichuan jia
cang"

Mid Qing dynasty

Height 5.2 cm, mouth diameter 11 cm

Average content: zinc 13.14%, antimony 0.15%.

Allocated by the Administration of Cultural Heritage

蚰龙耳，鼓腹下垂，圈足，器形标准且简
单。栗壳色皮色，局部有磨脱。器外底有减地阳
文3列6字篆书"刘氏翼川家藏"。铸款，不精，有
刀修痕。附圆形包锦嵌铜丝纸座。

座外底书有铭记："此确为私人款宣炉，
刘翼川名元贞，山西翼城县人，知县刘平子，
平卒，庐墓有鸟驯芝生之异，永乐廿二年旌孝
子。"永乐二十二年(1424年)是永乐帝在位的最
后一年，随后的明仁宗洪熙帝仅在位十个月，
然后就进入宣德朝了。所以从时间上看，书写
铭记的人认为本器应属于宣德时期的民造器。
但是与故字号同类器比较，可以看出无论整体
还是局部，明显与宣德本朝器不同。

164

巴格仿宣款蚰龙耳圈足炉
清中期
高 8.1 厘米　口径 13.4 厘米　重 0.964 千克
含锌均值 15.81%。
清宫旧藏

Copper censer with *youlong* handles and
ringfoot, with inscription "Bage fang xuan"
Mid Qing dynasty
Height 8.1 cm, mouth diameter 13.4 cm, weight 0.964 kg
Average content of zinc 15.81%.
Originally collected in the Qing Palace

圆形，直口，收颈，垂腹，圈足外撇。器壁
薄，枣皮红色。器外底有减地阳文2列4字楷书
"巴格仿宣"。铸款，精致秀美，是清中期巴格造
器的标准器。

备注：留平59097。

165

宋君尊永宝用款尊式炉

明晚期

高 20 厘米　口径 20 厘米　重 3.733 千克

含锌均值 1.35%，含银均值 2.24%，含锑均值 0.06%。盖含锌 3.67%。

清宫旧藏

Copper zun-shaped censer inlaid with silver, with inscription "Song jun zun yong bao yong"

Late Ming dynasty

Height 20 cm, mouth diameter 20 cm, weight 3.733 kg

Average content: zinc 1.35%, silver 2.24%, antimony 0.06%.

Lid: content of zinc 3.67%.

Originally collected in the Qing Palace

尊形器，大口外侈，收颈，鼓腹，高圈足。器表满饰嵌银丝纹饰，颈饰蕉叶纹、回纹，腹饰兽面纹，足饰蝉纹。器外底有嵌银丝2列6字篆书"宋君尊永宝用"。器内底一侧暗藏减地阳文纵向5字楷书"文明学巴格"。铸款，不精。款世所未见，仅此一例。盖饰鎏金镂空的宝相花纹，下连纸质内胆。

备注：留平58067。

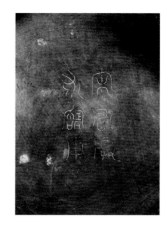

166

兴翁清玩款狮耳圈足炉

明晚期

高 8.6 厘米　口径 9.5 厘米　重 1.828 千克

含锌均值 4.54%。底部含银 0.01%。口部含锑 0.01%。

清宫旧藏

————

Copper censer with lion-shaped handles and
ringfoot, with inscription "Xingweng qingwan"

Late Ming dynasty

Height 8.6 cm, mouth diameter 9.5 cm, weight 1.828 kg

Average content of zinc 4.54%. Bottom: content of silver
0.01%. Mouth: content of antimony 0.01%.

Originally collected in the Qing Palace

圆形，直口，直颈，鼓腹，圈足。栗壳色
皮色。器外底有减地阳文2列4字篆书"兴翁清
玩"。铸款，有刀修痕。

备注：余字一九九号，原藏敦本殿或毓庆宫。

167

琴书侣款鬲式炉

清中晚期

高 5 厘米　口径 13.5 厘米　重 1.353 千克

含锌均值 20.07%，含锑均值 0.12%。

清宫旧藏

———

Copper li-shaped censer with inscription "Qin shu lü"

Mid and late Qing dynasty

Height 5 cm, mouth diameter 13.5 cm, weight 1.353 kg

Average content: zinc 20.07%, antimony 0.12%.

Originally collected in the Qing Palace

口平侈，饰一周小立沿，束颈，矮柱足上端缓起，形成足间连裆的感觉。铜本色。器外底有减地阳文1行3字篆书"琴书侣"。铸款，字体修长。三足底各铸减地阳文楷书"乾""清""宫"。

备注：珠字一九〇号，原藏皇极殿正殿或西庑、南庑。

168

月友琴居款夔耳圈足炉

清中晚期

高 6.5 厘米　口径 9 厘米

含锌均值 24.94%，含银均值 0.03%，含锑均值 0.22%。

清宫旧藏

———

Copper censer with kui-shaped handles and
ringfoot, with inscription "Yue you qin ju"

Mid and late Qing dynasty

Height 6.5 cm, mouth diameter 9 cm

Average content: zinc 24.94%, silver 0.03%, antimony 0.22%.

Originally collected in the Qing Palace

圆形，口略侈，夔龙耳，鼓腹，圈足。颈部
以回纹为地，对饰双夔纹。老铜色。器外底有减
地阳文2列4字篆书"月友琴居"。铸款。

备注：丽字七三二号，原藏古董房。

169

冲耳乳足炉

清中期

高 6.5 厘米　口径 9.1 厘米　重 0.858 千克

含锌均值 18.54%。

清宫旧藏

Copper censer with loop handles rising from the rim and mammillate feet

Mid Qing dynasty

Height 6.5 cm, mouth diameter 9.1 cm, weight 0.858 kg

Average content of zinc 18.54%.

Originally collected in the Qing Palace

圆形，乳足，造型厚重。光素，无款。附戗

金彩漆瓶、剔红盒。

备注：留平59094。

兽吞耳圈足炉

明晚期

高 8.1 厘米　口径 11.3 厘米

含锌均值 3.26%，含银均值 1.29%，含锑均值 0.09%。

清宫旧藏

Copper gui-shaped censer with inlaid silver and
animal-shaped handles
Late Ming dynasty
Height 8.1 cm, mouth diameter 11.3 cm
Average content: zinc 3.26%, silver 1.29%, antimony 0.09%.
Originally collected in the Qing Palace

簋形器。口外侈，收颈，鼓腹，左右饰兽吞式双耳，圈足。器表嵌银丝饰蝉纹，颈、足饰回纹，颈下饰蝉纹。无款。

器形古朴典雅，各部分比例适中，制作精良。尤其是一双兽吞耳，神秘而生动。纹饰粗中有细。包浆厚重自然，几乎掩盖了嵌银丝装饰。宣德炉最初是按照古代各种名器式样铸成的，并非出于臆造，所以在宣德炉的造型中，青铜簋式造型是应有式样。炉身所铸蝉纹、回纹也是商周青铜器上的重要纹饰，但是用嵌银丝手法形成如此华丽的装饰图案，却是因时代发展出现的新特点。此器铸嵌工艺精湛，在岁月的侵蚀下仍然不失原有的风格，十分难得。

1977年10月，经耿宝昌、王文昶先生鉴定为明代。

备注：溢字三七一号，原藏养心殿。

171

夔耳圆鼎式盖炉

清中期

通高 21.2 厘米 口径 14.6 厘米

盖、器含锌均值 14.46%。盖含锑均值 0.07%。

清宫旧藏

Copper *ding*-shaped round lidded censer with
kui-shaped handles

Mid Qing dynasty

Overall height 21.2 cm, mouth diameter 14.6 cm

Average content of zinc (censer and lid) 14.46%. Lid: average
content of antimony 0.07%.

Originally collected in the Qing Palace

夔耳方折，兽吞式足内实。腹饰一周抽象
螭龙纹。有盖，盖饰镂雕凤鸟纹，盖钮较高，为
镂空盘龙状。无款。

备注：阳字六五号，原藏玄穹宝殿。

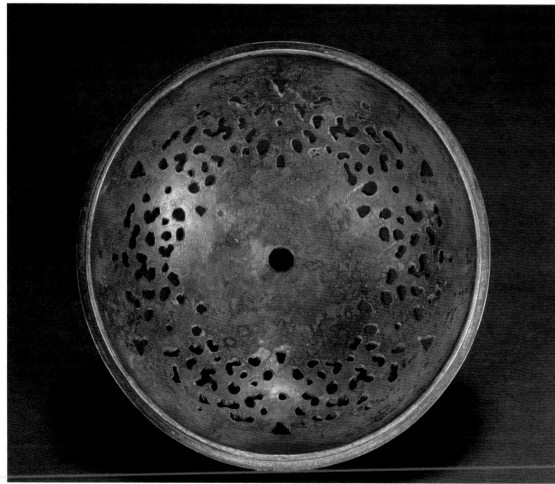

172

方彝式盖炉

清中早期

通高 17.5 厘米　口长 14.1 厘米　口宽 11.3 厘米　连盖重 2.648 千克

盖、器含锌均值 9.07%。盖、器底含锌均值 8.99%。

清宫旧藏

Copper rectangular yi-shaped lidded censer with animal-shaped handles and cloud-shaped feet

Early and mid Qing dynasty

Overall height 17.5 cm, mouth length 14.1 cm, mouth width 11.3 cm, weight (including lid) 2.648 kg

Average content of zinc (censer and lid) 9.07%. Lid and bottom: content of zinc 8.99%.

Originally collected in the Qing Palace

长方形，兽首耳，角形云足。器外四面饰云、龙、凤、鱼、海兽、海水等纹。盖对饰龙、凤、云纹。方盖钮，边饰回纹。铸、刻极其精美，海水、龙、凤身上的细阴线等皆为手工雕刻，一丝不苟，精致无比。无款。

此器整体上是仿商晚期青铜方彝的造型，倾斜的腹壁又是借鉴了西周簋的样子。

备注：留平59052。

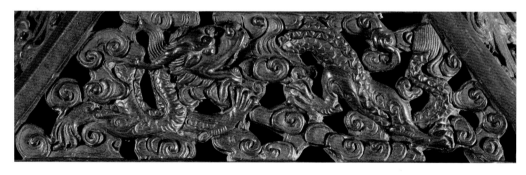
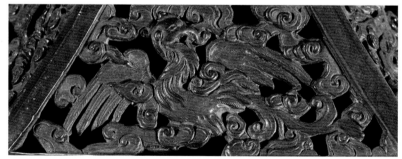

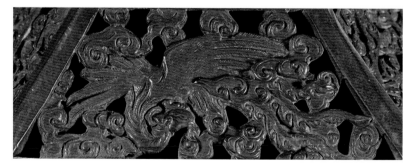

后 记

距《宣德炉研究》一书推出已有六年之久，从反馈的信息来看，主要意见集中在照片上，遗憾照片过少，清晰度不够，插图过多。这次《故宫宣铜器图典》的出版终于解决了这个问题。2014年底，在故宫博物院各级领导的支持下，故宫出版社、器物部、资料信息部、文保科技部及古建部五个部门联合运作，涉及很多的科组，大家在百忙中抽出固定的时间配合工作，短短两个月就完成了全部工作。其中尤其感谢摄影师李凡先生，科技专家康葆强、李合、贾翠等先生及资信专家孙竞先生，他们在短时间内接触了入选本书的全部文物或资料，工作量极大。当然，本部门的贾红荻、焦东华、王喆、展梦夏等几位兄弟姐妹也都是携手亲临第一线，贯穿工作始终。感谢书画部专家华宁先生提供法书资料、数字资源组的孙竞先生辑字以及器物部专家杨勇先生提供档案资料。

在不长的时间内，所有基础工作全部完成，剩下的就该是我的工作了。因为还有其他必须完成的工作等原因，虽曾多次着手进行这项工作，却往往半途而废。就这样我完成了春夏秋冬的三次循环。几年时间过得很快，不敢相信这件工作竟然耽误在自己的手上，不免有些惆怅。在每一次和人谈到故宫博物院藏宣铜器的时候，在每一次有人表达出对旧藏器的神秘感并向往了解的时候，心里面总不免会扽一下。好在今年终于腾出了大段时间，在出版社同仁的催促和鞭策下，在杜迺松老师的鼓励下，这件令我魂牵梦萦的事情终于有所了结。于工作，于同仁，于自己，总算有了个交代。

项元汴在《宣炉博论》中写道："宣炉之妙，在宝色内涵，珠光外现，澹澹穆穆，而玉毫金粟跃于肤里之间。若以冰消之晨，夜光晶莹映彻，迥非他物可以比方也。"此番编著过程中，对上述比喻有了深入内心的感悟。眼前闪现的已不是一尊尊具象的铜炉，而是代之以各种色彩在不断变幻。朝日之霞，氤氲弥漫；海棠花瓣，娇艳欲滴。冰晶云烟，或隐或现，方寸之间，大成世界。照片是静止的，手中转动的铜炉却是流动的。如何将这一份感觉更真实、更多地提供给读者，如何将脑海中体会到的情感与美定格，于是我想到了画。照片只能是忠实地再现实物，而画却可以把交错出现的动态画面更迭在一起。视觉的片段，包括心中涌现的美好错觉，都可以通过画笔留下来，甚至是夸张地留下来。于是本书几个插画便诞生了。每一张插画实际上都重新组织了实物的多个瞬间，创造出了尽可能多的内容和色彩，超出了照片原有的写实意义，令人充满遐想。

这部汲取精华的《故宫宣铜器图典》终于问世了，向对此付出过辛苦和努力的同仁、学者，向所有支持过他的老师、领导表示深深的感谢。

李米佳

2018年11月19日于故宫南三所

Postscript

It has been six years since the publication of *Research on Xuande Censer*. Feed back on this book mainly concentrates on the photos, saying that there are too few photos, which are in poor quality, and too many illustrations. The publication of this catalog, *Xuande Copperware in the Collection of the Palace Museum*, will finally solve this problem. At the end of 2014, with the support of leaders of the Palace Museum, and with joint efforts of the five departments—The Forbidden City Publishing House, Department of Objects, Department of IT, Imaging & Digital Media, Department of Conservation Science and Department of Architecture, all the basic work has been completed in just two months. I would like to extend thanks to the photographer Mr. Li Fan, the technical experts Kang Baoqiang, Li He and Jia Cui, and the IT, Imaging & Digital Media expert Mr. Sun Jing. Within a short time, they had got in touch with all the cultural relics or documents selected into this catalog, and undertook much work. Of course, colleagues from my department, Jia Hongdi, Jiao Donghua, Wang He, Zhan Mengxia... were also worked in the first line. I would also like to thank Mr. Hua Ning from the Department of Paintings and Calligraphy, for providing materials of model calligraphy, to Mr. Sun Jing from Digital Resources Group, for collecting characters, and to Mr. Yang Yong from the Department of Objects, for providing archives.

All the basic work was completed quickly, and the rest was my job. Due to some reasons, such as other tasks that must be done, although the work had been carried out many times, it often ended halfway. In this way, three cycles of season had past. I was despondent about the fact that this work was delayed in my own hands. It disturbed me every time I talked about Xuande censer collected in the Palace Museum, and every time I heard of someone's curiosity about these old collections. Fortunately, this year, I finally have enough time. At the urging of the Forbidden City Publishing House, and with the encouragement of Mr. Du Naisong, I have taken my responsibility and ended this work.

Xiang Zijing wrote in "Review on Xuande Censer" (*Xuanlu Bolun*) that, "The beauty of Xuande censer lies in its luster inside and outside, in its serenity and elegance, and in its texture shimmering like gold. It seems like ice melting in the morning, with glow shinning and sparkling, the beauty of which is incomparable." When writing and compiling this book, I have gained deeper understandings of the metaphors mentioned above. What flashing in front of my eyes, instead of being concrete copper censers, are colors constantly changing: the glow of sunrise, the petals of begonia, the crystal and ice, the cloud and mist... there is a world within one square inch. The copper censers in the photos are still, however, they are dynamic in my hands. How can I convey my feelings to the readers more sufficiently, and make the emotion and beauty freeze-frame in my mind? I thought of painting. Photographs can only show objects faithfully, while paintings can make dynamic images, which appear alternately, overlap with each other at the same time. Fragments of vision, including beautiful illusions, all can be kept, even exaggeratedly, by the painting brush. That is how the illustrations in the front part of this book came into being. Each illustration reorganizes the various moments of a censer, creating contents and colors as many as possible. It has transcended the realistic meaning of photograph.

This book, *Xuande Copperware in the Collection of the Palace Museum*, is about to be published finally. I would like to express my deep gratitude to all the colleagues and scholars who have worked so hard for this book, and to all the teachers and leaders who have given their support.

Li Mijia

November 19, 2018

At the Southern Three Abodes in the Forbidden City

出版后记

《故宫经典》是从故宫博物院数十年来行世的重要图录中，为时下俊彦、雅士修订再版的图录丛书。

故宫博物院建院八十余年，梓印书刊遍行天下，其中多有声名皎皎人皆瞩目之作，越数十年，目遇犹叹为观止，珍爱有加者大有人在；进而愿典藏于厅室，插架于书斋，观赏于案头者争先解囊，志在中鹄。

有鉴于此，为延伸博物馆典藏与展示珍贵文物的社会功能，本社选择已刊图录，如朱家溍主编《国宝》、于倬云主编《紫禁城宫殿》、王树卿等主编《清代宫廷生活》、杨新等主编《清代宫廷包装艺术》、古建部编《紫禁城宫殿建筑装饰——内檐装修图典》数种，增删内容，调整篇幅，更换图片，统一开本，再次出版。惟形态已经全非，故不再蹈袭旧目，而另拟书名，既免于与前书混淆，以示尊重；亦便于赓续精华，以广传布。

故宫，泛指封建帝制时期旧日皇宫，特指为法自然，示皇威，体经载史，受天下养的明清北京宫城。经典，多属传统而备受尊崇的著作。

故宫经典，即集观赏与讲述为一身的故宫博物院宫殿建筑、典藏文物和各种经典图录，以俾化博物馆一时一地之展室陈列为广布民间之千万身纸本陈列。

一代人有一代人的认识。此次修订再版五种，今后将继续选择故宫博物院重要图录出版，以延伸博物馆的社会功能，回报关爱故宫、关爱故宫博物院的天下有识之士。

2007年8月